거룩한 돌파구

왕후 에스더를 통해 펼쳐진 하나님의 섭리

거룩한 돌파구

한 홍

Holy Breakthrough

규장

역사와 일상의 배후에서
하나님이 일하십니다

많은 사람이 하나님이 없다고 생각하거나 하나님이 안 계신 것처럼 사는 이유는 하나님이 보이지 않으시는 분이기 때문입니다. 눈에 보이는 것보다 확실한 증거는 없습니다. 특히, 눈에 보이는 현실이 암담하고 힘들수록 사람들은 '하나님은 어디서 뭘 하고 계신 거야, 하나님이 계신다면 이럴 수가 없다, 이렇게 세상을 엉망으로 방치하실 수가 없다'라는 말을 자주 합니다.

크리스천 중에도 교회에 와서 예배드릴 때는 하나님이 계시는 것 같은데, 실제로 세상 한가운데에도 정말 계시는지에 대한 확신이 없는 이들이 많습니다. 광화문 앞에서 시도 때도 없이 일어나는 시위들 가운데, 또 권력의 암투가 끊임없이 일어나는 정부기관들 속에, 돈과 권력과 음란이 가득한 술자리 가운데, 과연 하나님은 정말 살아 역사하고 계신 걸까요? 만약 하나님이 세상 속에 살아 역사하고 계신다면 그분의 궁극적인 뜻은 무엇일까요?

이제부터 우리가 살펴보고자 하는 구약의 에스더서는 여기에 대해서 어렴풋이나마 해답을 줍니다. 에스더서에는 '왕'이라는 말이 백 번 넘게 나오고, 왕의 이름도 30번 가까이 나옵니다. 그런데 '하나님'이라는 말은 단 한 군데도 언급되지 않습니다. 신구약 성경 66권 중에 이런 경우는 에스더서가 유일합니다. 그래서 어떻게 성경에 이런 책이 포함되었을까 하는 의구심이 생길 정도입니다.

그러나 에스더서를 그렇게 겉만 보고 쉽게 판단해선 안 됩니다. 오히려 에스더서는 하나님의 이름을 특별히 언급하지 않음으로써, 하나님께서는 믿는 자들의 역사뿐 아니라 모든 인간 역사를 주관하신다는 사실을 증거하고 있습니다. 하나님께서 전혀 관여하시지 않는 것처럼 보이는 사건일지라도 하나님이 관여하지 않으시는 사건은 없습니다. 하나님과는 전혀 상관없을 것 같은 악하고 추한 역사의 사건이라 해도, 그것의 배후에는 하나님의 뜻과 섭리가 어떻게든 작용하고 있습니다.

악하고 사나운 인간들의 충동적인 결정과 사건 사고도 하나님의 예비하신 뜻을 위하여 사용됩니다. 인간 역사에서 일어나고 있는 모든 일은 아무 이유 없이 그냥 일어나는 것이 없습니다. 하나님은 역사의 주관자로서, 아주 신비한 방법으로 하나님의 백성을 보호하시고 이끌어 가십니다. 그것이 에스더서가 말하는 핵심 요지입니다.

제가 섬기는 교회에서 에스더서를 설교하는 동안, 전에 없이 성도들의 반응이 폭발적으로 뜨거웠습니다. 특히, 직장 생활을 하는 분들이 그랬습니다. 소그룹 모임마다 설교의 내용이 자기 현실을 그대로 반영한다고 하면서 격하게 나누는 간증들로 가득했습니다.

나는 하만 같은 사람들에게 둘러싸여 삽니다.
우리 보스가 꼭 아하수에로 왕 같습니다.
내게도 모르드개 같은 멘토가 필요합니다.
에스더는 어떻게 그런 상황에서 감정을 조절할 수 있었을까요?

저는 그 수많은 나눔의 이야기를 들으며, 가슴이 짠해졌습니다. 하나님께서 이 시점에 정글 같은 세상을 살아가는 우리 성도들에게 에스더서를 통해 위로와 지혜를 주신다는 것을 확신할 수 있었습니다. 하나님이 계시지 않는 것 같은 곳에서도 하나님은 분명히 살아 역사하시고, 특히 하나님의 자녀들의 말과 행동을 통해 역사를 주관해 나가십니다.

이 책이 폭풍같이 사나운 시대를 살아가는 한국의 모든 크리스천들, 특히 크리스천 직장인들의 가슴에 잔잔한 감동이 되기를 기도합니다. 사랑합니다.

한 홍

PART 3 역사를 주관하시는
하나님의 반전

HOLY BREAKTHROUGH

이미 시작된
하나님의 일하심

에스더 1:1-22

1 이 일은 아하수에로 왕 때에 있었던 일이니 아하수에로는 인도로부터 구스까지 백이십칠 지방을 다스리는 왕이라 2 당시에 아하수에로 왕이 수산 궁에서 즉위하고 3 왕위에 있은 지 제삼년에 그의 모든 지방관과 신하들을 위하여 잔치를 베푸니 바사와 메대의 장수와 각 지방의 귀족과 지방관들이 다 왕 앞에 있는지라 4 왕이 여러 날 곧 백팔십 일 동안에 그의 영화로운 나라의 부함과 위엄의 혁혁함을 나타내니라 5 이날이 지나매 왕이 또 도성 수산에 있는 귀천간의 백성을 위하여 왕궁 후원 뜰에서 칠 일 동안 잔치를 베풀새 … 11 왕후 와스디를 청하여 왕후의 관을 정제하고 왕 앞으로 나아오게 하여 그의 아리따움을 뭇 백성과 지방관들에게 보이게 하라 하니 이는 왕후의 용모가 보기에 좋음이라 12 그러나 왕후 와스디는 내시가 전하는 왕명을 따르기를 싫어하니 왕이 진노하여 마음속이 불 붙는 듯하더라 …

chapter **1**

성대한 왕의 잔치

에스더서의 시대적 배경은 당시 신 바벨론을 정벌하고 근동 전역에서 패권을 잡은 채 2백 년 동안 세계를 호령했던 페르시아 왕국이다. 에스더서 1장의 첫 두 구절은 페르시아 제국의 왕 아하수에로의 광대한 통치 영역에 대해 언급하고 있다.

> 이 일은 아하수에로 왕 때에 있었던 일이니 아하수에로는 인도로부터 구스까지 백이십칠 지방을 다스리는 왕이라 당시에 아하수에로 왕이 수산 궁에서 즉위하고 에 1:1,2

성경은 간단하게 "인도로부터 구스(현재의 에티오피아)까지"라고 말하지만, 지도를 펼쳐놓고 보면 이는 정말 어마어마하게 큰 땅이다. 인더스강 유역에 있는 현재의 서파키스탄부터 시작하여 애굽과 에티오피아, 그리고 북쪽으로는 그리스 일부까지가 모두 페르시아 제국의 통치 아래에 있었다. 전성기의 페르시아 영토는 오늘날 북미 대륙 전체와 맞먹을 정도로 광대했고, 인구도 2천만에 이르렀다. 황금의 제국이라 할 만큼 엄청나게 많은 재산도 국고에 보유하고 있었고, 항상 동원 가능한 백만대군까지 보유하고 있었다.

이 대제국 페르시아의 기반을 닦은 사람은 다리우스 1세였고, 에스더서는 바로 그 다리우스 왕의 아들인 아하수에로 왕의 통치 3년째 되던 해부터 시작된다. 그의 아버지는 제국을 20개의 큰 구역으로 나누어 통치했지만, 아하수에로 왕은 그것을 보다 세분화해서, 127도로 나누어 각 도마다 총독을 두고 다스렸다.

전성기 페르시아 제국의 영토

이로 미루어 볼 때, 그는 행정 능력이 상당히 치밀했던 사람이었던 것 같다. 에스더서는 아하수에로 왕의 통치 전반기에 해당하는 주전 482~473년까지 10여 년 동안에 일어난 일을 다루고 있다.

왕의 엄청난 잔치에 숨은 뜻

에스더서는 페르시아의 수산 궁(Citadel of Susa)에서 열린 한 잔치에서 시작된다. 수산은 왕의 겨울궁전이 있는 곳으로 제국의 세 개의 수도 중 한 곳이다. 왕은 재위 3년에 수산 궁에서 자신의 제국을 다스리는 모든 총독들과 고위 관리들을 한꺼번에 초청하여 180일(6개월) 동안 엄청난 잔치를 베풀었다.

기록에 의하면 이때 초청된 인원은 1만 5천 명에 달했다고 한다(페르시아 전역의 관리들과 고위층들이 차례로 초청되어 온 잔치였을 것이다). 이 정도 되는 귀빈들을 6개월 가까이 최고급 술과 음식으로 대접하며 숙박시키는 데는 엄청난 국가 예산이 들어갔을 것이다. 그냥 한 번의 먹고 마시자는 식의 여흥으로 보기엔 너무 출혈이 크다.

왜 이런 엄청난 잔치를 벌였을까? 성경에는 나와 있지 않지만, 고대 역사가들의 기록을 보면 이 엄청난 잔치 저변에는 아하수에로 왕의 무서운 야심이 도사리고 있었다. 막강한 대제국을 이룩한 페르시아지만, 군주의 욕심은 끝이 없었다. 세계를 제패하기 위해서는 바다 건너 그리스를 무릎 꿇려야 했다.

그래서 주전 490년, 아하수에로 왕의 아버지 다리우스 1세는 대군을 거느리고 그리스를 침공했으나, 마라톤 전투에서 참패하고 돌아와야 했다. 울분을 삼키며 재기를 준비하던 다리우스 1세는 몇 년 못 가서 병으로 세상을 떠났다. 이에 왕위를 이어받은 아하수에로 왕이 아버지의 원수를 갚고 페르시아를 세계 제국으로 만들기 위해 그리스 재침공을 결심한 것이다.

그는 엄청난 대군을 수천 척의 함대에 싣고 가서 그리스를 완전히 짓밟은 뒤, '그들이 다시는 페르시아에 대항할 생각을 못 하게 하리라'라고 결심하고 준비하기 시작했다. 그리고 이를 위해 페르시아 전역의 총독들과 장군들, 고위 공직자들, 재벌 귀족들을 소집하여 전쟁의 취지와 전략을 전달하고, 각자가 동원할 수 있는 최대한의 병력과 물자를 전쟁을 위해 내어놓게 할 참이었다.

아마도 왕은 잔치의 형식을 빌려서 제국의 모든 장수와 127도의 귀족들을 교대로 소집하여, 오전에는 장차 다가올 그리스와의 전쟁에 대한 준비와 작전을 나누고, 오후에는 잔치를 배설했을 것이다. 나라의 고위층들에게 엄청난 희생을 요구하는 만큼, 강압적인 명령만으론 안 된다는 것을 왕은 잘 알고 있었다. 그래서 왕의 궁전으로 정중히 초대하여 풍성하고 화려한 잔치를 베풀며 이들의 마음을 달래고, 한편으론 왕궁과 군대의 위엄을 보여서 왕의 권위에 군말 없이 복종하게 하려는 의도를 가지고 있었던 것이다.

이렇게 하는 데 근 6개월이나 걸렸고, 이로써 왕은 제국의 부요와 위엄을 널리 알리려 했다. 참석자들로 하여금 '내가 왕의 초호화 파티에 초대되어서 이런 대접을 받다니, 나는 이제 정말 인정받았나 보다. 이 자리를 유지하기 위해서 뭐든지 해야겠다'라는 생각이 들게끔 했다. 왕은 자기 자신이 교만했기 때문에 다른 사람의 교만을 어떻게 자극할 수 있는지 잘 알고 있었던 것이다.

고위층들을 위한 180일의 엄청난 잔치가 끝난 뒤에는 나머지 일반 백성들의 마음을 잡기 위하여 또 7일간의 국가적 잔치를 열었다.

> 이날이 지나매 왕이 또 도성 수산에 있는 귀천간의 백성을 위하여 왕궁 후원 뜰에서 칠 일 동안 잔치를 베풀새 에 1:5

이걸 보면, 아하수에로 왕은 머리가 비상한 사람이다. 아무리 힘없는 백성이지만, 180일이나 되는 긴 시간 동안 높으신 양반들끼리만 화려한 잔치를 열면 백성들의 심기가 편했을 리 없다. 다 자기들이 노동해서 수확한 곡식과 술을 가지고 여는 잔치 아닌가? 국가의 운명을 걸고 전쟁을 치르려면 고위층들뿐 아니라, 실제로 군사로 출정하고 세금을 낼 백성들의 마음을 사로잡아야 한다.

그래서 왕은 왕실의 창고를 털어 최고급 술과 음식을 내고, 갖은 화려한 장식들로 파티장을 만들어 백성들을 위무했다. 순진한 백성들은 이러한 왕의 파격적인 은혜에 황감하여 먹고 마시며 기뻐했지만, 사실 그것은 조금 있으면 시작될 엄청난 전쟁을 위한 뇌물이었다. 7일간 잔치를 베풀어준 그들의 왕은 이제 그들의 목숨과 재물과 노동력을 거침없이 가져갈 것이었다.

화려한 세상 권력의 실체

이것이 세상 권력의 실체다. 권력은 철저하게 우리를 이용하려 한다. 그러기 위해 우리에게 먼저 마약 같은 달콤함을 맛보게 한다. 권력자들 혹은 유명한 사람들이 모이는 화려한 모임은 겉으로는 좋아 보일지라도 한 꺼풀만 뒤집고 보면 무서운 파워게임과 술수가 저변에 흐르고 있다.

사람들은 불나방처럼 권력자 앞으로 모여들고 줄을 서려 하지만, 권력을 가진 자들이 얼마나 무서운지를 모르기에 그런 것이다. 그들은 준 만큼 반드시 그 이상을 토해낼 것을 요구한다. 한 번 그들과 같이 밥 먹고, 사진 찍고, 악수하는 대가가 얼마나 큰지는 두고 보면 안다. 그들과 내가 관계가 조금 있다고 해서, 마치 내가 뭐라도 된 양 착각하면 안 된다. 물론 세상의 권력도 하나님이 허락하신 것이므로 함부로 무시하면 안 되지만, 권력에 대해 환상을 가져서도 안 된다. 그것이 인간의 죄성이 만든 세상 권력의 한계다.

제국의 위엄에 스스로 도취하여 엄청난 잔치를 열고, 전쟁 준비를 했던 아하수에로 왕. 그러나 얼마 후 벌어진 실제 전쟁에서는 아버지와 똑같은 전철을 밟게 된다. 주전 480년, 페르시아 해군은 살라미스 해전에서 그리스 함대에게 거의 전멸에 가까운 패배를 당했고, 그 후 1년 뒤에는 육지에서의 전투에서도 비참한 패배를 당함으로써 그리스 정벌의 야심은 허무하게 무너지고 말았다. 그저 수십만에 달하는 아까운 인명만 잃고 만 것이다.

교만은 패망의 선봉이요 거만한 마음은 넘어짐의 앞잡이니라 잠 16:18

지도자의 자리에 앉아 있는 모든 사람이 뼛속 깊이 명심할 것은, 모든 힘은 하나님으로부터 온다는 사실이다. 애굽의 바로는 그 사실을 모르고 이스라엘 백성의 출애굽을 막다가 열 가지 대재앙을 당했고, 엄청난 병사들이 홍해에 수장되고 말았다. 바벨론의 느부갓네살 왕도 교만하다가 하나님의 벌을 받아 7년 동안 정신병자가 되어 짐승처럼 산과 들을 헤매며 살았다. 사도행전에 나오는 헤롯 아그립바도 교만하다가 하나님이 치시니 벌레에 먹혀 죽었다.

인간은 결코 인간을 다스릴 자격도, 능력도 없다. 우리는 모든 이름 위에 뛰어나신 하나님의 권위에 순종할 뿐이다. 우리의 권위는 하나님이 위임해주시고 허락해주신 권위일 뿐이다. 그 권위를 맡고 있는 동안, 우리는 항상 겸손해야 한다. 내게 돈이 있다고 해서, 권력이 있다고 해서, 인기가 있다고 해서 결코 착각하면 안 된다.

영원한 우리의 왕 되신 예수님은 아하수에로 왕과 너무나 다르다. 아하수에로 왕은 화려한 왕궁과 산해진미를 가지고 자신의 위엄을 자랑했지만, 예수님은 하나님의 아들이시면서도 말구유에 나셨고, 겸손하게 우리를 섬겨주셨다.

아하수에로 왕은 화려한 잔치를 열어 눈가림을 하고 백성들을 죽음으로 몰고 갔지만, 예수님은 영원한 천국 잔치로 그분의 백성들을 데려가기 위해 십자가에서 죽으셨다. 아하수에로 왕은 자기 백성들더러 자기를 위해 죽으라고 하는데, 예수님은 자기 백성들을 위해 자신의 목숨을 내어놓으셨다. 예수보다 더 좋은 분은 없다. 주님보다 더 아름다운 왕은 없다.

그런데 이 화려한 잔치의 끝부분에 뜻밖의 사건이 일어난다.

왕명을 거절한 왕후 와스디

연회 석상에서 크게 주흥이 오른 왕은 많은 신하와 백성 앞에서 왕후 와스디의 미모를 자랑하고 싶은 마음에 내시를 보내 그녀를 데려오게 했다. 이때 왕후 와스디도 "여인들을 위하여" 따로 잔치를 베풀고 있었다. 아주 특별한 경우가 아니고선 고대 페르시아에서는 부부가 동석하여 연회를 갖진 않았다. 그래서 와스디는 부인들을 위한 별도의 연회를 열고 있었던 것이다.

와스디는 아름다운 미모에다 야심이 많고 자존심이 강한 왕후였다고 한다. 그런데 만취한 왕이 술김에 왕후를 그 자리로 불러낸 것이다. 술에 취한 남자들이 잔뜩 있는 연회 자리로 아내를 불러낸 것은, 분명한 왕의 실책이었다. 당시 페르시아의 관례로는 그러한 자리엔 기생이나 노예들을 불렀지, 남편이 있는 부인이 나타나서는 안 되었다. 만약 왕이 술에 취해 분별력을 잃지 않았다면 그런 요구는 절대 하지 않았을 것이다.

그러나 자신의 권세와 영광을 부하들에게 자랑하고 싶은 오만한 마음에다 술까지 잔뜩 취한 아하수에로 왕은 큰 실수를 저지르기에 딱 좋은 상황이었다.

포도주는 거만하게 하는 것이요 독주는 떠들게 하는 것이라 이에 미혹되는 자마다 지혜가 없느니라 잠 20:1

아직도 술을 못 끊고 있는 사람이 있다면 다시 생각해보라. 술처럼 사람의 분별력을 빼앗아 가는 것은 없다. 지도자에게 있어서 술 때문에 분별력을 잃는 것은 치명적이다.

자존심 강한 왕후 와스디는 자신이 그의 소유물로 취급당하는 동시에 뭇 남성의 눈요깃감이 된 것 같아 모멸감을 느꼈을 것이다. 이에 그녀는 단호히 왕명을 거절했다. 신하들 앞에서 왕후에게 거절당한 왕은 자신이 잘못한 것은 생각지 않고 불같이 진노했다.

대제국의 절대 군주로서 자신에겐 불가능이 없다고 생각했는데, 연회 자리에서 부인에게 거절당하자 그는 분노에 휩싸여 자신을 통제하질 못했다. 고대 역사가들은 원래 아하수에로 왕이 오만하고 성급하며 신경질적이고 호색적인 성격의 소유자라고 기록했다. 그런데 그런 인물이 술까지 취했으니, 그 상황에서 화가 머리끝까지 나서 자신을 주체하지 못 하는 것은 어쩌면 당연한 일인지도 모른다.

노하기를 더디 하는 자는 용사보다 낫고 자기의 마음을 다스리는 자는 성을 빼앗는 자보다 나으니라 잠 16:32

아하수에로 왕은 광대한 제국, 수많은 백성을 다스리는 왕이었음에도, 정작 자기 마음은 다스리지 못했다. 교만한 자의 특징은 거절당했을 때 그것을 곱게 받아들이지 못하고 화를 낸다는 것이다. 내가 절대자가 아닌 만큼 상대가 거절할 수도 있지 않은가. 한데, 교만하면 그걸 견디지 못해서 화를 낸다. 거절당할 만한 이유가 있었을 거라고 자신을 돌아보기는커녕, 상대에게 화풀이만 한다.

다시 한번, 아하수에로 왕과 우리 왕 되신 예수님을 비교해보라.

나는 마음이 온유하고 겸손하니 나의 멍에를 메고 내게 배우라 그리하면 너희 마음이 쉼을 얻으리니 마 11:29

주님은 어떤 고난과 역경 앞에서도 감정이 폭발하거나 주위 사람들에게 분노를 쏟아내지 않으셨다. 곤욕을 당하여 괴로울 때도 그 입을 열지 아니하셨다. 마치 도수장으로 끌려가는 어린양과 털 깎는 자 앞에서 잠잠한 양같이 그 입을 열지 아니하셨다. 만왕의 왕은 사람들에게 수없이 거절당하셨음에도 화내지 않으시고 끈기 있게 기다려주셨다.

와스디 왕후의 폐위

교만하여 분별력을 잃어버린 자는 성급하다. 진노한 왕은 바로 복수의 칼을 빼 들었다. 왕은 "사례를 아는 현자들에게" 이 사태에 대해 자문한다.

왕이 사례를 아는 현자들에게 묻되 에 1:13

페르시아에는 제국의 규례와 법률, 역사에 달통하여 왕의 자문관으로 국가 운영에 큰 영향을 미치는 일곱 명의 최고 두뇌 집단이 있었다. 여기서 말하는 '현자들'(賢者: wise men)이란 바로 이 두뇌 집단을 말한다. 왕은 화가 머리끝까지 나 있었지만, 왕후의 문제인 만큼 자신의 감정적으로만 처리할 수 없었기에 관례를 따라 이 현자들에게 조언을 요청한 것이다.

그러나 자존심 강하고 포악한 성정의 왕이 이미 마음속으로 어떤 결론을 내렸는지를 이들은 알고 있었다. 왕이 어떤 대답을 원하는지 짐작하고 있음에도 그의 뜻을 거스르는 조언을 하는건 자살행위나

다름없었다. 그들의 할 일은 이제 명분과 모양새를 갖추어주는 것뿐이었다.

그들 중 가장 눈치 빠른 므무간이라는 사람이 나서서 분노한 왕의 비위에 꼭 맞는, 기가 막힌 명분을 만들어주었다.

'왕이시여. 이렇게 남편의 말을 무시하는 왕후를 그냥 놔두면 온 나라의 여자들이 남편의 권위를 우습게 알 것이니, 당장에 왕후의 위를 폐해야 합니다. 그러면 모든 제국의 여인들이 자기 남편 무서운 줄을 알 것이고, 그래야 나라의 질서가 잡힐 것입니다.'

즉, 왕과 왕후의 문제는 단순한 부부간의 불화가 아닌, 국가 전체의 질서를 붕괴시킬 만한 사건으로 다루어야 한다는 것이다.

하지만 이건 사실 좀 지나친 비약이다. 평소 와스디가 남편에게 불순종하거나 경멸해왔다는 기록도 없고, 단순히 술에 취한 왕이 해서는 안 될 비상적인 요구를 아내에게 했기에 그에 대해 아내가 거절한 것뿐이다. 그런데 신하들에 의해 작은 일이 갑자기 큰일로 확대되고 있다.

왕이 관습에 어긋나는 무례한 요구를 한 점은 쏙 빼 버리고, 왕후가 왕명을 거절한 점만을 부각해, 이를 남자의 권위에 대한 도전으로 해석해버린 것이다. 지식이란 것도 어떤 마음으로 쓰느냐에 따라서 이토록 오용될 수 있다. 자존심에 큰 상처를 입은 오만한 절대권력자 아하수에로 왕에게 므무간의 의견은 기가 막히게 마음에 드는 말이었다.

사실 아무리 왕이 진노해 있다 할지라도 이것은 분명 사리에 어긋난 일이기 때문에, 신하들이 목숨을 걸고 지혜롭게 왕후를 변호했더라면 왕의 분노를 누그러뜨릴 수도 있었다. 이렇게까지 부풀릴 일이 아니었다는 얘기다. 그럼 도대체 왕의 최측근 신하들은 취중에 벌어진 이 사소한 사건을 왜 이렇게 키운 것일까? 그것은 당시 궁중 내에서 신하들과 왕후 간에 심한 권력 갈등이 있었기 때문이다.

특히, 평소 왕후의 정치적 영향력에 반감을 보이던 신하들이 많았고, 지금 앞장서서 왕에게 조언하고 있는 므무간은 그들 중에 대표적인 인물이었다. 그래서 왕후가 실수한 이 기회를 천우신조(天佑神助)라 생각하고 고의적으로 일을 키운 것이다.

세상의 정치란 알고 보면 눈에 드러난 사건이 문제가 아니라, 그동안 쌓인 앙금과 이해관계가 폭발하는 것이다. 다들 말은 화려하게 하지만, 실은 자기 가슴속에 있는 한을 풀고, 원수를 갚고, 열등감을 해소하기 위해서 하는 일들이 대부분이다. 순식간에 진행된 왕후 폐위 과정은, 세상 권력이란 권력자들의 기분에 따라 좌지우지되는 너무나 불완전한 것임을 보여준다.

결국 왕은 신하들의 조언을 받아들여서 왕후 와스디를 즉시 폐위하라는 공문을 발표한다. 왕후 와스디로서는 청천벽력 같은 일이었다. 술에 취한 남편의 비상식적인 명령을 거절했다는 이유로 순식간에 모든 권세와 부귀영화를 박탈당한 것이다. 그렇게 와스디는 자신에게 내려진 조치에 항변할 기회도 얻지 못하고 순식간에 왕궁에서 쫓겨났으며, 주위에 그토록 많던 시녀들과 아부하던 사람들도 썰물처럼 다 사라져버렸다.

세상 권세라는 게 얼마나 허무한 것인가. 이렇듯 이해할 수 없는 억울한 이유로 인해 하루아침에 바닥으로 추락할 수 있는 게 세상 권세다. 그런 세상 권세만 믿고 사는 것은 너무나 어리석은 일이다. 그러니 우리는 눈에 보이는 세상의 힘 있는 자들에게 줄 서려 하지 말고, 오직 우리 하나님만 의지하며 살아야 한다.

그런데 그뿐이 아니었다. 아하수에로 왕의 신하들은 여기다가 한 술 더 떠서, 모든 제국의 "남편이 자기의 집을 주관하게 하고 자기 민족의 언어로 말하게 하라"(에 1:22)라고 했다. 광활한 페르시아 제국 내에는 여러 외국어가 사용되고 있었다. 그런데, 결혼해서 가정을 이뤘을 경우, 아내는 무조건 남편의 언어를 따라야 한다는 것이다. 이것은 극단적 남존여비 사상을 담아낸 정책이 아닐 수 없다. 표현은 그럴듯했지만, 이는 왕후를 폐위시킨 명분을 만들기 위해 할 수 없이 나온 정책이었다. 권력자의 정책은 결국 자기 자신을 정당화시키기 위한 수단이다.

어쨌든 이런 사건으로 인해 페르시아 제국의 왕후 와스디는 폐위되었다. 한순간에 모든 것을 잃고 추락한 것이다. 세상 권력과 명예가 이렇게 허무하다. 그렇게 해서 공백이 된 왕후의 자리를 바로 우리의 주인공 에스더가 메우게 되는 것이다.

혼란스러운 역사 뒤에 하나님의 섭리가 있다

도대체 이 혼란스러운 세상의 역사는 하나님의 백성과 무슨 상관이 있는가? 에스더서는 에스라서, 느헤미야서와 함께 페르시아 제국 시대의 이스라엘 민족 역사라는 공통된 배경을 가지고 있다. 에스더가 무대에 등장하기 훨씬 전, 유다왕국은 강대국 바벨론에 의해 멸망 당하고, 많은 수의 유다인이 바벨론에 포로로 끌려가서 70년 동안 혹독한 포로 생활을 한다. 그러다가 바벨론이 망하고, 약 5만 명 정도의 유다인이 먼저 이스라엘로 귀환한다(B.C. 537).

당시 페르시아 제국 안에 살던 유다인들은 1차 포로 귀환 때 본국인 이스라엘로 돌아갔다. 그들은 이웃 국가들의 무서운 방해 공작에도 불구하고 무너진 성전을 재건하는 데 성공했고, 귀환한 유다인들은 하나님의 성전을 중심으로 언약 공동체로서의 삶을 살고 있었다. 그러나 본국으로 돌아가지 못하고 여전히 이방 땅인 페르시아 제국에 머물러 살던 유다인들이 훨씬 많았다.

어떤 사연에서인지, 이들은 그리던 고국에 돌아가지 못 했다. 그리고 사람들은 고국에 돌아가지 못한 채 이방 땅에 흩어져 살고 있던 디아스포라 유다인들은 하나님의 보호와 섭리에서 제외된 게 아닌가 생각했다.

에스더서는 그 생각이 잘못되었음을 보여준다. 예루살렘으로 돌아가지 못하고 페르시아 제국 내에 여전히 머물러 있는 유다인들도 하나님이 여전히 자기 백성으로 여기시며 특별한 섭리로 보호해주신다는 사실을 에스더서가 보여주고 있다.

에스더서 2장 이후로 가면 알겠지만, 이때부터 약 10년 뒤, 페르시아 제국 내의 유대인들은 악한 권력자 하만의 음모에 의해 멸망 당할 위기에 처한다. 하지만 하만의 음모가 있기 전에, 이미 왕후 와스디의 폐위로 말미암아 하나님을 사랑하는 유대인 처녀 에스더가 새 왕후로 간택된다. 그리고 그녀로 인하여 멸망의 위기에 처한 디아스포라 유대인 전체가 구원받는 엄청난 드라마가 준비되고 있었다. 이 디아스포라 유대인 중에는 고국 이스라엘로 돌아간 유대인들도 포함되어 있었다. 즉, 모든 유대인의 운명이 결정되는 사건이 예루살렘이 아닌 이방 페르시아 제국의 수산 궁에서 벌어진 것이다. 하나님의 선하신 계획은 항상 사탄의 악한 계획보다 앞서간다.

에스더서 1장은 하나님의 이 놀라운 구속 드라마를 위해, 하나님께서 페르시아 권력 최고 심장부의 역사를 어떻게 준비하셨는지를 보여주는 것이다. 이런 구속사적 시각 없이 본문을 읽으면 실로 혼란스럽다. 세상 제국 왕실의 호화롭고 퇴폐적인 연회, 술에 취한 절대권력자의 몰상식한 요구, 자존심 강한 왕후의 거절과 사악한 신하들의 그릇된 충고, 이로 인해 이뤄진 왕후의 전격적인 폐위. 막장 드라마도 이런 막장이 없는 일들이 반나절도 못 되어서 이루어졌다.

그러나 이 모든 혼란스러운 세상 권력 심장부의 일들은 하나님의 크신 섭리 안에 들어 있었다. 그리스와의 전쟁 준비를 위한 왕의 엄청난 잔치도, 만취한 왕의 오만함과 분별력을 잃고 저지른 실수도, 왕후 와스디의 높은 자존심도, 왕의 불 같은 성격도, 왕후와 대신 간의 권력 다툼도 전부 다 에스더를 왕후에 올려서 하나님의 백성을 구원코자 하는 퍼즐의 조각들이었다. 쓰레기장에 버려진 물건들을 가지고 세계적인 예술품을 만든 아티스트의 이야기를 오래전 문화 칼럼에서 읽은 적이 있다. 아주 몹쓸 조각들도 위대한 건축가이신 하나님의 손에 잡히면 소중하게 쓰임 받는다.

나의 미래를 하나님이 준비해주신다

에스더가 무대에 등장하기 전에 역사의 주관자이신 하나님께서 이렇게 놀랍게 에스더가 쓰임 받을 수 있는 상황을 준비하셨다. 하나님은 우리의 인생도 그렇게 놀랍게 미리 준비하시고 예비하신다. 우리가 어떤 직장에 들어가기 전에, 어떤 곳에 이사 가기 전에, 하나님께서는 천사들을 보내시어 미리 그곳의 상황을 준비하신다. 그래서 정말 필요한 때와 장소에 하나님의 사람인 우리가 중요하게 쓰임 받을 수 있도록 하신다.

우리의 미래는 안개와 같아서 아무것도 확실하지 않다. 그러나 나를 너무도 잘 아시는 신실하신 하나님께서 내가 가장 잘 쓰임 받을 수 있도록 나의 미래를 이모저모 준비하실 것은 확실하다. 그러므로 우리는 안심하고 담대히 미지의 내일로 나아갈 수 있다.

세상 역사를 볼 때, 또 자신의 인생을 돌아볼 때 우리는 그런 시각으로 봐야 한다.

> 여호와여 내가 알거니와 사람의 길이 자신에게 있지 아니하니 걸음
> 을 지도함이 걷는 자에게 있지 아니하니이다 렘 10:23

우리가 예수님을 믿었을 때 '주님'이라 불렀다('주인님'의 준말이다).
이제 내 인생을 이끌어가는 분은 예수님이시다.

예수님은 임마누엘이시다. 우리와 함께하시는 하나님이시다. 보이
지 않으셔도 그분은 우리가 어디에 있든지 우리와 함께하신다. 우리
가 하나님을 모르고 하나님이 계신 걸 인정하지 않았을 때도 그분은
우리의 인생 한 장 한 장을 섭리하고 계셨다. 가장 악하고 더러운 세
속 권력의 심장부에도, 하나님을 모르는 사람들이 꾸미는 음모 위에
도 하나님의 섭리가 주관하고 계신다. 그것은 바로 하나님의 자녀인
우리를 보호하시기 위해서다. 그리고 하나님의 복음을 전하고, 하나
님의 영광을 열방 중에 드러내시기 위해서다.

나쁜 사람들이 우리를 모함하고, 생각지 못한 방향으로 우리의 인
생을 휘저으며, 우리가 이해할 수 없는 억울한 일들을 당한다고 해
도, 하나님을 믿고 견디면 반드시 그를 통해 더 좋은 하나님의 계획
을 이루실 것이다.

에스더서를 묵상하는 동안 우리가 기억해야 할 성경 구절이 하나
있다.

우리가 알거니와 하나님을 사랑하는 자 곧 그의 뜻대로 부르심을 입은 자들에게는 모든 것이 합력하여 선을 이루느니라 **롬 8:28**

'하나님'이라는 이름 한 번 등장하지 않는 에스더서에 하나님의 임재와 섭리가 배어 있듯이, 하나님이 계시지 않는 것 같은 현실에도 하나님은 일하고 계신다. 그 하나님을 믿고 찬양하며, 평안하고 담대하게, 자신 있게 살아가길 바란다.

에스더 2:1-18

1 그 후에 아하수에로 왕의 노가 그치매 와스디와 그가 행한 일과 그에 대하여 내린 조서를 생각하거늘 2 왕의 측근 신하들이 아뢰되 왕은 왕을 위하여 아리따운 처녀들을 구하게 하시되 3 전국 각 지방에 관리를 명령하여 아리따운 처녀를 다 도성 수산으로 모아 후궁으로 들여 궁녀를 주관하는 내시 헤개의 손에 맡겨 그 몸을 정결하게 하는 물품을 주게 하시고 4 왕의 눈에 아름다운 처녀를 와스디 대신 왕후로 삼으소서 하니 왕이 그 말을 좋게 여겨 그대로 행하니라 … 16 아하수에로 왕의 제칠년 시월 곧 데벳월에 에스더가 왕궁에 인도되어 들어가서 왕 앞에 나가니 17 왕이 모든 여자보다 에스더를 더 사랑하므로 그가 모든 처녀보다 왕 앞에 더 은총을 얻은지라 왕이 그의 머리에 관을 씌우고 와스디를 대신하여 왕후로 삼은 후에 18 왕이 크게 잔치를 베푸니 이는 에스더를 위한 잔치라 모든 지방관과 신하들을 위하여 잔치를 베풀고 또 각 지방의 세금을 면제하고 왕의 이름으로 큰 상을 주니라

chapter **2**

페르시아의 왕후 에스더

앞 장에서는 고대 근동의 패자(霸者) 페르시아 왕궁에서 일어났던 왕후 폐위 사건에 대해 살펴보았다. 전쟁을 앞두고 백성들에게 열어준 엄청난 규모의 술잔치, 교만한 왕이 만취하여 분별력을 잃은 실수, 왕후 와스디의 자존심, 왕의 분노와 대신들의 아부로 인한 왕후의 전격적인 폐위. 우리가 왜 성경에서 이런 말씀을 읽어야 하나 싶을 정도로 막장 드라마 같은 일들의 연속이지만, 이 모든 것들은 장차 있을 큰 재앙으로부터 유다 백성들을 구하려는 하나님의 큰 그림의 조각들이었다. 이제 하나님이 그리시는 큰 그림의 기초공사가 드디어 윤곽을 드러낸다.

그리스 침공의 패배

> 그 후에 아하수에로 왕의 노가 그치매 와스디와 그가 행한 일과 그에 대하여 내린 조서를 생각하거늘 에 2:1

여기서 '그 후'라는 말은 와스디 왕후 폐위 사건 후로 4년이 흐른 뒤를 말한다. 이때, 페르시아 역사에는 엄청난 일이 일어났다. 근동의 패자 페르시아는 끝까지 무릎 꿇지 않는 그리스를 침공하기 위해 오래전부터 칼을 갈아왔다. 그리고 마침내 다리우스 1세 때, 수십만 대군을 몰아 1차 침공을 했는데, 주전 490년 마라톤 전투에서 무참히 패배했다. 이에 화병을 얻은 다리우스 1세는 얼마 안 가 세상을 떠났다.

그리고 10년 뒤, 그의 아들 아하수에로 왕(훗날 에스더의 남편이 되는 사람)은 부친의 복수를 다짐하며 국력을 총동원한 전쟁 준비를 한다.

페르시아의 그리스 침략

그리고 와스디 왕후 폐위 직후인 주전 480년에 아하수에로 왕은 병사들을 가득 실은 1천 2백 척의 함선을 이끌고 그리스를 침공했다 (2차 침공). 워낙 엄청난 대군을 동원했기 때문에 모두가 페르시아의 일방적인 승리를 의심치 않았다. 그러나 뜻밖의 그리스의 강력한 저항에 부딪혔다. 특히, 고작 3백 명밖에 안 되는 스파르타의 레오니다스 왕과 그의 병사들이 좁은 테르모필레에서 무려 7일간이나 페르시아 대군을 붙들어 놓았다.

살라미스 해전

물론 그 3백 명의 스파르타 군사는 전멸했지만, 이는 그리스 군대가 전열을 재정비할 결정적인 시간을 벌어주었다.

이후 벌어진 살라미스 해전에서 페르시아의 대함대가 무너졌고, 연이은 플라타이아(Plataea) 벌판에서 그의 지상군도 참패했다. 이에 대제국 페르시아는 엄청난 병력을 잃고, 자존심이 무참히 구겨져서 본국으로 후퇴해야 했다.

왕의 심경 변화로 일어난 새 왕후 간택령

아하수에로 왕은 너무나 침통한 상태였다. 외롭고 답답해진 왕은 문득 폐위된 이전 왕후 와스디가 생각났다. 원어의 의미를 살린다면 '와스디를 그리워했다'는 뜻이다. 주변에 하룻밤을 같이할 여인들은 많았지만 마음을 터놓을 수 있는 현숙한 아내가 없으니, 안 그래도 인생이 너무나 힘들 때였던 그는 무척 괴로웠다. 왕은 비로소 4년 전, 자신이 술에 취해 성급하게 왕후를 폐위시킨 일을 후회하게 된 것 같다.

이를 눈치챈 신하들은 바짝 긴장했다. 충동적인 왕의 성격으로 미루어 볼 때, 그는 폐위시켰던 왕후 와스디를 다시 복귀시킬 수도 있었고, 그렇게 되면 당시 폐위를 간청했던 신하들은 죽은 목숨이었기 때문이다.

다급해진 신하들은 적극적으로 왕에게 새 왕후를 뽑을 것을 주청

했다. 어떻게든 와스디와 연관이 없는 제3의 여인을 세워 왕의 마음을 달래는 것이 급선무였기 때문에, 왕후 간택을 서둘러 추진한 것이다. 그래서 전광석화처럼 페르시아 전역에서 차출한 미인 콘테스트를 밀어붙였고, 그런 연유로 무명의 유다 처녀인 에스더가 왕후가 될 수 있는 길이 열린 것이다.

하나님은 세상의 믿지 않는 사람들의 정치 음모와 부정적인 요소들까지도 그분의 선한 계획을 펼치는 도구로 사용하신다.

여호와께서 온갖 것을 그 쓰임에 적당하게 지으셨나니 악인도 악한 날에 적당하게 하셨느니라 잠 16:4

요즘같이 어지러운 정치 현장에도 우리가 알 수 없는 하나님의 섭리가 있음을 믿자.

훌륭한 멘토 모르드개

앞에서 우리는 에스더서가 성경 66권 중 유일하게 '하나님'이란 단어가 한 번도 나오지 않는 책이라는 사실에 주목했다. 그런데 에스더서의 또 다른 흥미로운 점은 주인공 에스더가 소개되기 전에, 그녀의 사촌오빠인 모르드개란 인물이 먼저 소개된다는 사실이다. 그것도 아주 자세히 말이다(모르드개의 이름은 에스더서에 60여회나 등장한다).

모르드개의 소개를 보면 그는 베냐민 자손인데, 오래전 바벨론의 왕 느부갓네살에 의해 나라가 망하고 백성들이 포로로 잡혀 왔을 때 사로잡혔던 사람이라고 한다. 그런데 여기에는 좀 무리가 있다. 그게 근 120년 전에 일어난 일이었기 때문에, 모르드개의 지금 나이를 볼 때 전혀 앞뒤가 맞지 않기 때문이다. 그래서 학자들은 그 옛날 바벨론에 포로로 잡혀 온 모르드개는 그의 증조부인 기스였고, 에스더서에 나오는 모르드개는 그 후손인 것으로 추정한다.

어쨌든 중요한 것은 모르드개의 집안이 예루살렘에서 포로로 잡혀 왔던 유다인 혈통이라는 사실이다. 성경이 특히 이 점을 밝히고 있는 것은, 모르드개가 어릴 때부터 하나님을 믿는 확고한 신앙을 가졌고, 하나님의 백성인 유다인 신분에 대한 자긍심을 가진 사람이었다는 사실을 강조하기 위함이다.

모르드개가 세상적으로 어떤 학벌, 어떤 재산을 가진 사람인지는 중요하지 않다. 무엇보다 그가 하나님을 사랑하는 믿음의 사람이었다는 사실이 중요하다. 확고한 믿음이 있었기에 그는 자신과 자기 주위 사람들의 인생을 복된 인생으로 바꿀 수 있었다.

자, 모르드개가 왜 중요한가 하면, 그가 주인공 에스더의 인생에 가장 큰 영향을 미친 사람이기 때문이다. 에스더의 부모도 모르드개처럼 포로로 끌려온 유다인의 후손들이었는데, 무슨 이유에서인지 에스더가 어렸을 때 일찍 세상을 떠났다. 가엾은 에스더는 어린 나이에 타국 땅에서 고아가 되었다. 이때 구원의 손길을 뻗친 것이 바로 나이 차이가 많이 나는 사촌오빠 모르드개였다. 모르드개는 에스더를 양녀로 입양하여 정성껏 키웠다.

> 그의 삼촌의 딸 하닷사 곧 에스더는 부모가 없었으나 용모가 곱고 아리따운 처녀라 그의 부모가 죽은 후에 모르드개가 자기 딸같이 양육하더라 에 2:7

모르드개가 에스더를 "자기 딸같이 양육"했다는 말이 가슴 찡하게 다가온다. 모르드개는 에스더를 밥만 먹이며 대충 키우지 않았다. 정말 자기 딸처럼 양육했다. 모르드개는 확고한 신앙과 민족적 자긍심을 가진 사람이었기 때문에, 자녀교육을 할 때도 신앙 교육을 제대로 했을 텐데, 에스더도 그렇게 키웠다는 것이다.

사람은 어릴 때부터 누구의 영향을 받고 성장하는지가 중요하다. 믿음의 거인은 하루아침에 하늘에서 뚝 떨어지는 게 아니다. 어릴 때부터 매일매일 예배하는 법을 배우고, 기도를 받고, 말씀을 읽으면서 영적 실력이 축적되는 것이다. 교회에서 주일학교를 통해 아이들의 믿음 교육을 시키고 있다지만, 정말 중요한 것은 믿음의 부모들이 자녀에게 신앙을 전수하는 것이다.

세계적인 전도자 요한 웨슬리도 어머니 수산나가 열다섯 명의 자녀들 각자에게 매주 정성스럽게 신앙 교육을 해준 덕분에 그런 훌륭한 목사님이 될 수 있었다. 자녀들이 어릴 때 받는 신앙 교육의 중요성을 너무나 잘 아는 웨슬리는 감리교를 세우면서 그 누구보다 주일학교 활성화를 위해 노력했다고 한다.

이역만리 타국에서 일찍이 부모를 잃고 고아가 되었을 때 어린 에스더가 얼마나 힘들었겠는가. 하늘이 무너지는 것과도 같았을 것이다. '나는 왜 이렇게 불행이 겹치나' 하는 생각도 들었을 것이다. 그러나 하나님께서는 모르드개라는 훌륭한 믿음의 멘토를 옆에 두셔서 부모를 대신하게 하셨다.

오늘의 불행과 힘든 환경 때문에 절망하지 말라. 에스더는 어려서 고아가 되었으나, 하나님께서는 그녀를 버리지 않으시고 모르드개라는 훌륭한 멘토 밑에서 자라게 하셨다. 그래서 신앙 깊고 지혜로운 사람으로 컸을 것이다. 물론 좋은 부모 아래서 성장했으면 좋았겠지만, 그렇지 못한 불행한 상황도 하나님께서 예비하신 플랜 B로 인해 역전되었다.

불행 뒤에 감춰진 하나님의 은혜

모르드개와 에스더, 두 사람 다 남의 나라에 포로로 끌려온 유다 민족이라는 점에서 같이 불행하고 힘든 환경에 있었다. 고난 중에 싹트는 전우애처럼 아마 두 사람은 서로에게 위로와 격려를 주는 믿음의 동반자였을 것이다. 모르드개와 에스더, 두 사람은 각자 서로가 없는 것을 가지고 있는 믿음의 사람들이었기에 하나님은 두 사람을 만나게 하셔서 최고의 시너지 효과를 만드셨다. 그리고 그 가운데서 놀라운 계획을 준비하고 계셨다.

오갈 데 없는 불쌍한 고아 에스더. 그냥 무사히 커서 평범한 남자와 결혼하여 보통 사람의 인생만 살 수 있어도 감사했을 것이다. 그런 그녀가 수많은 명문가 규수를 제치고, 거대한 페르시아 제국의 왕후가 될 줄을 누가 상상이나 했겠는가. 하나님은 항상 우리의 삶에서 뺄셈으로 덧셈을 하신다. 하나님을 믿고 의지하라. 그러면 하나님이 반드시 크고 놀라운, 우리는 상상도 못 했던 일을 행하실 것이다.

우리가 알거니와 하나님을 사랑하는 자 곧 그의 뜻대로 부르심을 입은 자들에게는 모든 것이 합력하여 선을 이루느니라 롬 8:28

우리 자녀들에게는 모르드개 같은 훌륭한 양육자, 성실한 멘토가 필요하다. 먼저 부모가 그 역할을 감당해야 하고, 또 그 외에도 좋은 스승들, 믿음의 친구들을 만나게 해달라고 기도하라. 아무리 위대한 사람도 자기 혼자만의 힘으로 그 자리까지 가진 못했다. 다 인생 중간중간에 만난 수없이 많은 고마운 멘토들의 돌봄을 받고 그렇게 된 것이다. 앞도 못 보고, 듣지도 못하고, 말도 못 하는 삼중 장애가 있는 헬렌 켈러가 20세기 미국의 위대한 인물 중 하나가 될 수 있었던 것은, 그녀에게 앤 설리번이라는 멘토가 있었기에 가능했다. 그리고 그 앤 설리번도 어릴 때 만나 계속해서 "하나님이 너를 사랑하신다" 라고 말해준 샤론 로라라는 간호사 선생님이 있었기에 그런 훌륭한 사람이 될 수 있었다.

우리 모두가 모르드개 같은 멘토가 되기를 바란다. 그게 진정한 영적 어른의 할 일이다. 우리의 에스더는 누구인가? 소그룹 리더나 주일학교 교사를 해보는 것도 아주 좋은 연습이다. 남을 품고, 사랑하고, 말씀을 가르치고, 남을 위해서 기도해보기 바란다. 그때 우리는 그 어느 때보다도 더 친밀하게 하나님의 마음을 느낄 수 있을 것이다. 우리 모두 언젠가는 각자 자신의 에스더를 멘토하는 이 시대의 모르드개가 되기를 기도한다.

멘토의 책임감

모르드개 같은 멘토가 되려면 확실한 책임 의식이 있어야 한다. 멘티를 끝까지 지켜보며 그들을 위해서 중보해야 한다. 왕후 간택 후보로 에스더가 왕궁에 들어간 뒤에도 모르드개는 날마다 에스더가 있는 처소 앞 뜰로 가서 서성거리며 에스더의 안부를 살피고 그녀가 앞으로 어떻게 될지를 알려고 했다.

모르드개가 날마다 후궁 뜰 앞으로 왕래하며 에스더의 안부와 어떻게 될지를 알고자 하였더라 에 2:11

당시 모르드개가 페르시아 왕궁의 문지기 중 하나였기에, 그나마 왕궁 안으로 출입할 수 있었을 것이다(에스더 때문에 문지기가 되었을 수도 있다). 그는 왕궁이 얼마나 정치 음모가 가득한 살벌한 곳인지 잘 알고 있었다. 왕궁은 궁전 벽에도 귀가 있다고 할 정도로 아무도 믿을 수 없는 곳이었고, 한마디 말실수로 목숨을 잃기도 하는 곳이었다. 모르드개는 그런 왕궁에서, 게다가 그 쟁쟁한 가문의 처녀들 틈에서 아무런 정치적 배경도 없는 어린 에스더가 잘 견뎌낼까 하는 걱정이 가득했다.

모르드개는 말단 문지기라서 왕궁 깊은 곳까지는 들어가지 못하고, 그래도 자기가 들어갈 수 있는 왕궁 뜰 앞까지는 매일 가서 에스더가 있는 처소 쪽을 보며 기도했을 것이다. 그리고 에스더를 직접 만나지는 못해도, 출입하는 다른 노예들 누구라도 만나서 에스더의 안부를 확인하길 원했다.

당장 자기 먹고 살기도 바쁘고 지켜보는 눈도 많아서 이렇게 하기 쉽지 않았을 것이다. 귀찮을뿐더러 힘들기도 했을 것이며, 자칫 수상한 자로 의심받아 체포되면 목숨이 위험할 수도 있었다. 그러나 모르드개는 이 모든 위험을 감수하고 매일 자신의 최선을 다해 에스더의 안부를 살폈다.

모르드개의 이런 모습은, 하나님이 에스더의 앞날에 어떻게 역사하실지 기대하는 모습이기도 했다. 비록 에스더의 인생이 전혀 생각하지 못한 폭풍 속으로 들어왔지만, 모르드개는 낙심하지 않았다.

그는 실수가 없으신 하나님께서 자신들이 알지 못하는 놀라운 미래를 준비하셨음을 믿고 계속 기도했을 것이다.

모르드개는 여러 가지 면에서 예수님을 닮았다. 예수님은 우리가 아무것도 아닐 때부터 우리를 택하시고, 구원하신 분이다. 또한 그분은 구원받은 우리가 이 세상을 살아가면서 넘어지지 않도록 지켜주시고, 이끌어주시는 영원한 멘토이시다. 주님의 애프터서비스(AS)는 우리가 천국 갈 때까지 쉬지 않고 계속된다. 그분은 매일, 매순간 나를 지켜보시고 챙겨주신다. 우리의 고민과 아픔을 알고 계시며, 우리에게 새로운 힘과 지혜를 주신다.

살벌한 왕궁에 있으면서도 모르드개로 인해 에스더가 날마다 새 힘을 얻었듯이, 살벌한 세상 한가운데에 살지만 우리는 주님으로 인해 날마다 새 힘을 얻는다. 결코 혼자라고 생각하지 말라. 외로워하지 말라. 주님이 오늘도 당신 곁에 서 계신다.

날마다 우리 짐을 지시는 주 곧 우리의 구원이신 하나님을 찬송할지로다 시 68:19

왕후 간택 이면의 하나님의 섭리

그런데 우리가 알아야 할 사실은 에스더가 왕후 간택에 후보로 나가게 된 것이 전적으로 하나님의 섭리였다는 점이다. 에스더 자신이 왕후 후보로 나가겠다고 적극적으로 자원하거나 모르드개가 에스더를 억지로 후보로 보낸 것이 아니다. 8절을 보면 (다른 처녀들과 함께) "에스더도 왕궁으로 이끌려" 갔다고 되어 있다. 원어인 히브리어 문장 역시 수동형이다. 따라서 에스더가 자기 의지와는 상관없이 차출되었다는 것을 알 수 있다.

페르시아에는 여러 나라에서 끌려온 수많은 이방인들이 살았지만, 왕실 최고위층에는 이런 출신들이 올라오지 못하도록 엄연한 신분 차별이 있었다. 그러니 에스더가 이방 나라 유다에서 끌려온 포로 출신이라는 것이 밝혀지면 어떤 일이 벌어질지 몰랐고, 왕후 후보에 들었다가 선택되지 못하면 평생 생과부처럼 살아야 할 일이었다.

또한, 페르시아 왕 아하수에로의 변덕스럽고 포악한 성정을 모르는 사람이 없었고, 폐위된 왕후 와스디처럼 한 번 왕의 눈 밖에 나면 파리 목숨이었다. 그런 왕의 아내가 되는 것은 결코 에스더 본인도, 멘토 모르드개도 원치 않았을 것이다. 게다가 유다인 율법은 이방인과 결혼하는 것을 금하고 있었기 때문에, 왕후 후보로 나가는 것은 더더욱 에스더나 모르드개가 원한 일이 아니었을 것이다.

그러나 에스더는 본인의 의사와 상관없이 전격적으로 왕후 후보로 차출되어 왕궁에 들어가게 되었다. 왜냐하면 그녀는 워낙 출중한 외모를 가졌기 때문이다. 성경은 에스더를 가리켜 "용모가 곱고 아리따운 처녀"(에 2:7)라고 했다. 3절에 보니, 전국에서 왕후 후보를 찾는데 그 조건이 "아리따운 처녀"였다. 수많은 미녀가 가득한 페르시아 제국의 수도에서도 눈에 확 띌 정도로 에스더의 미모는 뛰어났다. 그것은 에스더 자신의 노력으로 이룬 것이 아닌 하나님의 선물이었다. 하나님이 그런 출중한 외모를 주셔서 이렇게 중요한 시점에 왕후 후보가 되게 이끌어 가신 데는, 훗날 위기에 처한 하나님의 백성을 구하려는 계획이 있으셨다.

에스더의 미모처럼, 우리 각자에게는 하나님께서 주신 어떠한 은사와 실력이 있을 것이다. 어떤 사람에게는 뛰어난 학식을, 어떤 사람에게는 뛰어난 언변을, 어떤 사람에게는 뛰어난 운동 실력이나 예술적 재능을 주셨다. 그것은 은혜요, 축복이다. 그 은사는 결코 자랑하라고 주신 것이 아니라 하나님의 영광을 위해서 쓰라고 주신, 목적이 있는 선물이다. 재능은 비전이고 사명이다. 잘 가꾸고 다듬고 기도하며 때를 기다려야 한다. 하나님께서 당신을 특정한 어떤 때에, 어떤 위치에 세우셔서, 하나님을 위하여 어떤 의미 있는 일을 하게끔 인도하실 것이다.

남다른 에스더의 태도

여기에 한 가지 더 주목할 사실이 있다. 전국에서 뽑혀온 처녀들은 왕 앞에 나가기 전에 이 일을 주관하는 내시의 도움으로 약 1년 동안 몸을 정결케 하며 왕후가 되기 위한 신부 수업을 했다. 하나님은 에스더에게 빼어난 미모를 선물로 주셨지만, 이제 에스더는 그것을 다

듬어서 왕후가 될 준비를 해야 했다.

우리도 마찬가지다. 하나님이 우리에게 재능을 주셨다 해도, 우리가 그것을 부지런히 갈고닦아야 실력이 된다. 재능을 게으르게 방치하면 결코 실력이 되지 않는다. 재능이 실력이 되려면 훈련하고 노력해야 한다. 결코 요행을 바라거나 대충해선 안 된다.

그런데 에스더만 노력하는 것이 아니었다는 게 문제다. 일단 내로라하는 가문들, 특히 폐위된 왕후 와스디의 복귀를 경계하는 명문 가문들이 각자 어떻게든 자기 딸을 왕후로 간택되게 하려고 필사적인 물밑 작업을 벌였을 것이다. 또, 에스더처럼 그저 빼어난 용모로 인해 강제 선발된 처녀들도 필사적으로 왕후 간택에 임했을 것이다.

그럴 수밖에 없는 것이, 말이 좋아 왕후 후보지, 왕과 하룻밤을 보내고 나서 왕이 다시 부르지 않으면 평생 별궁에서 쓸쓸히 늙어가야 했기 때문이다. 어떻게든 이 수백 대 일의 경쟁을 뚫고 왕후가 되지 못하면 한 번뿐인 인생이 끝나는 것이었다. 아마 모두가 눈에 불을 켜고 수단과 방법을 가리지 않고 왕후가 되기 위해 목숨을 걸었을 것이다. 최고 미용사를 개인적으로 고용하기도 하고, 값비싼 화장품이나 향수를 몰래 들여와 사용하기도 했을 것이다.

하지만 에스더는 이 살벌한 생존 경쟁 와중에도 평정심을 잃지 않았다.

모르드개의 삼촌 아비하일의 딸 곧 모르드개가 자기의 딸 같이 양육하는 에스더가 차례대로 왕에게 나아갈 때에 궁녀를 주관하는 내시 헤개가 정한 것 외에는 다른 것을 구하지 아니하였으나 모든 보는 자에게 사랑을 받더라 에 2:15

에스더는 요란을 떨면서 자기 몸을 단장하지 않고, 헤개가 준 단장품만을 사용했다. 왜 에스더는 다른 장신구들을 요구하지 않았을까? 그것은 자신의 삶을 주관하시는 하나님을 전적으로 믿었기 때문이다. 에스더는 자신이 왕후가 되는 것이 하나님의 뜻이라면, 특별한 장신구로 치장하지 않아도 선택될 것을 믿었다.

그녀는 성실하게 노력은 했지만, 그렇다고 무리하게 욕심을 내어 다른 처녀 사이에서 으뜸이 되려고 경쟁하지는 않았다. 잘 생각해보면 처음부터 그랬다. 에스더는 하나님이 주신 빼어난 미모로 인해 자신의 의지와 전혀 상관없이 왕궁으로 들어오게 된 것이지, 본인이 안달해서 자원한 것이 아니었다. 욕심이 없었기 때문에, 그녀는 다른 처녀들처럼 조바심을 내거나 무리수를 두지도 않았다. 왕궁에서 보낸 1년의 시간을 평안하고 담백하게 살았다. 모든 후보의 일거수일투족이 다 감시되는 상황에서도, 에스더는 항상 평정심을 유지했다. 이는 어릴 때부터 모르드개에게서 받은 신앙 교육으로 빚어진 인품이었다. 그녀는 나라의 명령에 순응했지만, 왕후의 영광을 탐하지는 않았다. 그녀는 언제나 자기에게 그어진 선을 겸손하고 기쁘게 받아들였다. "나의 영혼아 잠잠히 하나님만 바라라"(시 62:5)라는 시편의 말씀이 바로 에스더의 모습이었다.

오늘날 세상 속에서 살아가는 우리도 에스더의 이런 초연함을 배울 필요가 있다. 살벌한 경쟁 구도 한복판에 있으면서도, 에스더는 결코 남을 꺾고 올라서기 위해 편법을 동원하며 발버둥 치지 않았다. 인간적인 최선을 다하지만, 밤에는 안식하며 하나님을 바라보는 여유가 있었다. 그랬더니 오히려 책임자 헤개의 인정을 받았고, 왕의 사랑을 받아 간택되었다. 결국, 에스더 자신이 출세하려고 안달한 게 아니라, 하나님이 자연스럽게 높여주신 것이다.

오늘날 우리는 하나님 주신 재능을 실력으로 만들기 위해 열심히 노력해야 하지만, 그 과정에서 욕심을 버리고 평정심을 가져야 한다. 비전과 욕심은 다르다. 욕심은, 이기기 위해서 수단과 방법을 가리지 않게 하고 모든 동료를 적으로 보게 만든다. 그러나 비전은 성실히 노력하되 하나님을 믿고 평정심을 유지하게 한다.

우리 자녀들에게 수단과 방법을 가리지 않고 어떻게든 좋은 대학만 가라고 몰아붙이지 말자. 직장에서 승진하려고, 사업에서 돈을 많이 벌려고, 너무 수단 방법 안 가리고 사람들을 이용하면서 살지 말자. 매일 매일 감사하는 마음으로 최선을 다하지만, 결과는 하나님의 손에 맡기고 안식할 수 있는 여유를 가져야 한다. 하나님이 우리를 기뻐하시면, 우리가 세상 사람들처럼 무리수를 두지 않아도 그분은 우리를 최고의 자리로 인도해주실 것이다.

저희가 평온함을 인하여 기뻐하는 중에 여호와께서 저희를 소원의 항구로 인도하시는도다 시 107:30, 개역한글

하나님의 때를 위해 자신을 감추다

에스더가 자기의 민족과 종족을 말하지 아니하니 이는 모르드개가 명령하여 말하지 말라 하였음이라 에 2:10

모르드개는 왕후를 뽑기 위한 미인대회에 출전한 에스더에게 자신의 출신 민족을 숨기게 했다. 원래 에스더의 히브리 이름은 '하닷사'(Hadassah)였는데, 이 이름을 그대로 쓰면 바로 유다인 혈통인 것이 탄로날 수도 있었다. 그래서 왕후 후보로 선발되어 왕궁으로 들어갈 때, 페르시아 이름인 '에스더'(페르시아 말로 '별'이라는 뜻)로 바꾼 듯하다.

유다 민족이라는 사실이 부끄러워서 숨긴 것이 아니다. 당시 페르시아 상류사회의 결혼 관습은 대체로 이민족을 꺼리던 터였다. 게다가 오직 하나님 한 분만을 믿는 유다인들의 유일신 신앙으로 인해, 페르시아 제국 안에서는 유다인들에 대한 감정이 그리 좋지 않은 상황이었다. 그래서 모르드개는 괜히 처음부터 유다인 신분을 밝힘으로써 왕후 간택 과정에서 불이익을 당할 필요가 없다고 판단했던 것

이다. 이것은 신앙적 타협이 아니다. 하나님의 때가 완전히 무르익을 때까지 칼날을 쉽게 드러내서는 안 되었다.

예수의 이름은 너무나 귀한 것이기 때문에 함부로 남발해선 안 된다. 핍박이 무서워서 자신의 신앙을 타협하라는 게 아니다. 안타깝게도, 오늘의 현실은 믿음과 삶이 일치되지 못한 일부 크리스천들로 말미암아, 세상이 교회를 보는 시각이 곱지 않다. 교회 다닌다는 사람들은 말만 거룩하게 잘하지, 실제 사는 것은 안 믿는 사람들과 별다를 게 없다는 인식이 팽배한 상황이다. 그러므로 '내가 크리스천이다' 하고 너무 성급하게 선포하는 것보다, 시간이 걸려도 실제 삶 속에서 실력과 인품을 보여주어야 한다. 그래서 사람들로 하여금 자연스럽게 우리가 믿는 하나님을 인정하게끔 해야 한다.

에스더서는 희한하게도 '하나님'이라는 단어가 한 번도 나오지 않는 책이다. 반면, 세상 왕의 이름은 27번이나 나온다. 하나님의 말씀이나 계시 같은 내용도 없고, 오직 이방인 독재자의 도움으로 이스라엘 백성들이 위기를 모면하게 된 것을 기록했을 뿐이다. 그러나, 하나님의 이름은 없지만 하나님의 손길은 에스더서 구석구석에 나타나 있다. 하나님이 자기 백성을 구원하시기 위해 에스더와 같은 믿음의 딸을 준비하신 것처럼 아주 작고 사소한 것들까지도 일일이 조정하시고 섭리하셨음을 보여준다.

'슬리퍼 셀'(Sleeper Cell)이라는 용어가 있다. 이는 한 나라의 정부 조직에서 적국에 심어 놓은 특급 요원을 가리키는 말로, 어느 첩보원들과는 달리 슬리퍼 셀 요원은 정말 국가의 운명이 걸린 결정적인 순간이 올 때까지 절대 가동하지 않는다. 그러나 운명의 순간이 오면 그를 움직여 천지가 뒤집힐 만한 중요한 임무를 완수하게 한다. 에스더가 바로 하나님이 예비하신 슬리퍼 셀이었다.

그토록 폭력적이고, 음란하고, 정치적 음모가 가득한 페르시아 왕궁 한복판, 권력의 최고 심장부에 에스더라는 하나님의 사람이 존재했다는 사실이 놀랍지 않은가? '아멘', '할렐루야' 같은 기독교 용어한 마디 입에 못 올려도 괜찮다. 우리가 그 자리에 존재하는 것만으로 이미 그곳에서 하나님의 역사는 시작되었다. 그곳에서 늘 기도하며 하나님께 하듯이 매사에 최선을 다하라. 우리는 21세기 한국의 정치, 경제, 교육, 의료, 문화 모든 분야에 보내진 이 시대의 에스더, 하나님의 슬리퍼 셀들이다. 어떠한 결정적인 순간에 하나님의 큐 사인이 올 것이다.

사람들의 사랑을 받게 하시다

침착한 믿음의 사람 에스더는 하나님을 모르는 세상 사람들로부터도 사랑을 받았다.

혜개가 이 처녀를 좋게 보고 은혜를 베풀어 몸을 정결하게 할 물품과 일용품을 곧 주며 또 왕궁에서 으레 주는 일곱 궁녀를 주고 에스

더와 그 궁녀들을 후궁 아름다운 처소로 옮기더라 에 2:9

9절에는 왕궁에서 궁녀를 주관하는 내시 헤개가 에스더를 '좋게 보았다'(The girl pleased him and won his favor: 마음에 쏙 들었다)라고 했다. 왕후 간택의 책임자였던 헤개는 오랜 궁정 생활을 통해 아하수에로 왕의 성정을 누구보다 잘 알았으며, 이전 왕후나 궁정의 여인들에 대해서도 잘 아는 사람이었다. 이런 사람이 에스더를 좋게 본 것이다.

헤개에게 잘 보여서 자기 딸이 간택되게 하려고, 뇌물도 쓰고 별 방법을 다 쓴 페르시아의 내로라하는 가문들이 얼마나 많았겠는가. 그런데 아무런 배경도 없고 뇌물도 쓰지 않은 에스더를 헤개가 좋게 본 것이다. 그냥 좋게 본 정도가 아니라, '이 여인이야말로 차기 왕후 감이다! 이 여인을 왕후로 만드는 데 내 인생을 걸어야겠다'라는 결심을 한 것 같다. 그래서 그는 에스더에게 파격적인 '은혜를 베풀어' 주었다. 헤개는 에스더에게 화장품이나 보석 같은 고급 물품들을 아낌없이 제공했다. 그냥 화장품이나 물품들을 준 게 아닐 것이다. 아마 왕이 가장 좋아할 화장품, 향수, 보석, 옷들을 골라서 주었을 것이다.

또한, 특별히 에스더를 시중들 일곱 궁녀를 붙였다고 했다(아무나 붙인 게 아니라 헤개가 한 명 한 명 선정한 최고 베테랑 궁녀들이었다). 그리고 에스더와 그 궁녀들을 아름다운 처소로 옮기게 했는데, 영어성경에 보면 왕궁 내의 최고의 장소로 옮겨주었다. 왕궁 내에서 가장 시설이

뛰어난 곳으로 에스더의 숙소를 배려했다. 한마디로, 모범답안을 시험 치기 전에 미리 다 준 것과 마찬가지인 것이다.

아무 이유 없이 세상의 힘 있는 자들이 에스더를 좋게 보고 잘해주려고 했다. 15절 말미에도 보면, 에스더는 "모든 보는 자에게 사랑을 받더라"(Esther won the favor of everyone who saw her)라고 했다. 즉, 헤개 외에도 누구든 에스더를 한 번 만난 사람이면 그녀에게 좋은 감정을 가졌다는 말이다. 나중에는 페르시아 왕도 모든 여자보다 에스더를 더 사랑한다고 했다. 그래서 에스더를 만난 후에 왕은 더 이상 다른 후보들은 보지도 않았다. 이건 돈으로 뇌물을 쓴 것도 아니고, 힘 있는 집안의 배경으로 로비한 것도 아니다. 하나님이 특별히 부어주신 은혜인데, 다니엘이나 요셉 같은 인물에게도 비슷한 은혜가 임해서 그들 주변의 모든 세상 사람들이 그들을 잘 보아주었다.

에스더는 치열하게 경쟁해서 간신히 이긴 것이 아니고 여유 있게, 넉넉히 이겼다. 세상적으로 보면 운이 좋은 것이고 우연의 일치 같겠지만, 이 모든 것이 하나님이 주신 은혜요, 섭리였다.

하나님이 우리의 이름표를 미리 붙여주신 축복의 미래는 그 누구도 가져갈 수 없다. 페르시아의 내로라하는 가문들의 물밑 정치 공작도, 치열한 경쟁률도 아무 의미가 없었다. 에스더는 그런 것은 알지도 못했고, 알려고 하지도 않았다. 그런 것들에 신경 썼으면 스트레스로 밤에 잠도 제대로 못 잤을 것이다.

우리도 그렇다. 세상의 무서움이나 치열한 경쟁률을 너무 생각해서 미리 주눅 들지 말자. 세상 최고의 든든한 배경은 우리 하나님 아버지시다. 오직 하나님을 바라보고 매일 최선을 다해 살아가면, 하나님의 때에 하나님께서 자연스럽게 가장 좋은 길로 인도하실 것이다.

왕후의 자리에 오르다

하나님의 은혜로 에스더는 왕의 지극한 사랑을 입어 전격적으로 왕후가 되었다. 하나님께서는 우리가 아무리 낮고 보잘것없는 존재라 할지라도 이렇게 순식간에 모든 사람 위에 높여주실 수 있는 분이시다.

에스더가 왕후의 자리에 앉았을 때는 이스라엘 민족 전체를 전멸시키려던 하만의 음모가 있기 5년 전쯤이었다. 하나님께서는 실제적 위기가 닥치기 훨씬 전부터 에스더를 준비해 놓고 계셨다. 마귀가 하나님의 백성들을 공격하려 해도, 하나님은 항상 마귀보다 앞서가신다. 포로 된 힘없는 유다 백성이 무슨 수로 강력한 권력자인 하만의 무서운 계교에 맞설 수 있었겠는가. 그러나 자기 백성들을 지키시는 하나님께서는 하만보다 더 높은 자리인 왕후 자리에 에스더를 앉힘으로써 자기 백성을 보호할 준비를 해 놓으셨다.

믿는 자들은 세상을 살아가면서 온갖 위기를 당하고, 그때마다 아무 힘이 없고 무기력해 보인다. 그러나, 걱정하지 말라. 모든 것을 아시는 하나님이 우리가 생각하는 것보다 훨씬 높고 비밀스러운 방법으로 구원의 길을 예비해 놓으셨으니 말이다.

에스더 3:1-15

1 그 후에 아하수에로 왕이 아각 사람 함므다다의 아들 하만의 지위를 높이 올려 함께 있는 모든 대신 위에 두니 2 대궐 문에 있는 왕의 모든 신하들이 다 왕의 명령대로 하만에게 꿇어 절하되 모르드개는 꿇지도 아니하고 절하지도 아니하니 3 대궐 문에 있는 왕의 신하들이 모르드개에게 이르되 너는 어찌하여 왕의 명령을 거역하느냐 하고 4 날마다 권하되 모르드개가 듣지 아니하고 자기는 유다인임을 알렸더니 그들이 모르드개의 일이 어찌 되나 보고자 하여 하만에게 전하였더라 5 하만이 모르드개가 무릎을 꿇지도 아니하고 절하지도 아니함을 보고 매우 노하더니 6 그들이 모르드개의 민족을 하만에게 알리므로 하만이 모르드개만 죽이는 것이 부족하다고 생각하고 아하수에로의 온 나라에 있는 유다인 곧 모르드개의 민족을 다 멸하고자 하더라 …

chapter **3**

끈질긴 악연,
하만과 모르드개

지금까지 우리는 에스더서가 성경의 여러 책 중에서 아주 독특한 책임을 배웠다. 이스라엘이 아닌 이방 제국 페르시아 왕국 내의 권력 다툼을 주로 다루었고, 그 무엇보다도 '왕'이란 단어나 그 왕의 이름은 수십 번 넘게 언급되면서도, '하나님'이란 단어가 한 번도 언급되지 않는 책이다. 그래서 어떻게 이 책이 성경에 포함되었을까 하는 의구심마저도 들게 한다. 그러나 오히려 하나님의 이름을 특별히 언급하지 않음으로써, 하나님께서는 믿는 자들의 역사뿐 아니라 모든 인간 역사를 주관하신다는 사실을 증거하고 있다.

세상에 의미 없이 '그냥' 되는 일은 아무것도 없다. 세상은 상식적으로 이해가 안 될 만큼 폭력적이고 물질 중심적이며, 음란하고 거짓과 위선투성이다. 그러나 그런 악한 세상 역사 속의 사건들이라 해도, 그것의 배후에는 하나님의 뜻과 섭리가 작용하고 있다. 하나님은 역사의 주관자로서 아주 신비한 방법으로 그분의 백성을 보호하시고 이끌어 가신다.

포로로 잡혀 온 이방 민족 출신에다가 천애 고아로 자란 에스더는 그 불행한 환경을 가지고 있음에도 불구하고 하나님이 그녀를 축복하시니, 대제국 페르시아의 왕후가 되었다. 자기 가문 규수를 왕후로 올리기 위한 수많은 명문가의 치열한 정치적 암투와 경쟁률 같은 것은 하나님의 크신 섭리 앞에 문제가 되지 않았다.

그러니까 세상적 스펙이 부족하다고 지레 겁부터 먹고 스스로를 별 볼 일 없는 존재로 평가절하하지 말라. 하나님은 우리 생각을 초월하여 우리를 놀랍게 쓰실 것이다. 에스더를 그 자리에 올리신 이면에는 에스더 자신도 모르는 하나님의 크신 뜻이 있었다. 그것이 무엇인지 이번 장에서 서서히 밝혀지기 시작한다.

하만의 출세

본문은 하만이라는 인물의 등장으로 시작된다. 주전 474년, 에스더가 왕후의 자리에 오른 지 5년째 되던 해에 왕은 아각 사람 하만을 높은 지위, 보다 정확히 말하면 왕 바로 다음가는 2인자의 자리에 임명했다. "왕이 아각 사람 함므다다의 아들 하만의 지위를 높이 올려"(에 3:1)라고 했는데, 여기서 '높이 올려'의 원어적 의미는 그가 갑작스럽게 고위직에 올랐음을 뜻한다. 뭔가 특별하게 왕의 마음에 쏙 드는 일을 했음이 분명한데, 이 벼락 승진이 좀 석연치 않다.

2절에서는 "왕의 모든 신하들이 다 왕의 명령대로 하만에게 꿇어 절하되"라고 했는데, 이는 하만의 갑작스런 출세에 대해 반발하는 자들이 많았기에 그들의 기를 꺾기 위한 명령이 아니었을까 추측된다.

당시 페르시아는 철저한 권위주의, 왕정 독재 체제였다. 해서, 왕이 내린 명령에 아무도 토를 달지 말라는 의미로 새 총리대신 하만이 대궐을 출입할 때 모두 왕에게 하듯 무릎을 꿇고 경의를 표하라고 명한 것이다. 하만이 모두가 인정할 만한 실력과 인품이 있는 사람이었다면 굳이 왕명이 없었더라도 다들 알아서 경의를 표했을 것이다.

하지만 에스더서 곳곳에 나타나는 하만에 대한 내용을 살펴보면, 그가 쉽게 혈기를 부리는 사람이고, 뇌물 쓰기를 즐기며, 목적을 이루기 위해 간교한 거짓말을 서슴지 않는 사람임을 알 수 있다. 또한 그는 분노를 삭이지 못하고, 교만이 하늘을 찌르며, 상황이 조금만 힘들어지면 비굴해지는 인간이었다.

그러므로 하만이 정당한 방법으로 총리대신 자리에 오른 것은 아님을 우린 가히 짐작할 수 있다. 정적들을 제거하는 중상모략이나 힘 있는 실세들에게 선을 대는 권모술수, 혹은 뇌물제공과 같은 부당한 방법으로 그 자리에 올랐을 가능성이 높다.

하지만 높은 자리에는 올랐으나 그 자리를 감당할 실력과 인품이 안 되는 사람이었기 때문에 뒤에서 말이 많았고, 이를 아는 하만은 자격지심이 많았다. 그래서 사람들이 자기에게 어떤 예우를 하는가, 자신이 어떤 의전을 받는가에 매우 예민했다. 진짜 훌륭한 사람은 오히려 그런 것에 큰 신경을 쓰지 않는다.

유유상종(類類相從)이라고 하더니, 하만을 그 자리에 올린 아하수에로 왕 또한 그리 이상적인 군주는 아니었다. 그는 교만하고, 변덕이 심하고, 귀가 얇고, 여자를 좋아하며, 분노를 잘 삭이지 못하는 군주였다고 전해진다. 자신이 그러니, 좋은 인재를 알아보는 눈이 없었음이 당연하다. 이를 통해 당시 페르시아 제국은 현명하고 정직한 충신보다 간교한 인물들이 더욱 출세하기 좋은 어지러운 상황이었음을 짐작할 수 있다. 그러니 하만 같은 인물이 총리대신의 자리에까지 이를 수 있었던 것이다.

리더의 자리에 올라서는 안 될 사람이 리더의 자리에 오른 것이 재앙의 시작이었다. 인사가 만사라고 했다. 하나님을 모르는 세상은 항상 이런 불합리한 인사로 몸살을 앓아왔다. 능력과 인품은 안 되면서 명예와 특권에 눈이 먼 사람들이 권력 다툼을 하다가 높은 자리에 앉게 되면 모두가 괴로워진다. 하만 같은 사람이 총리대신이라면 그 밑의 대신들의 인사도 불 보듯 뻔하다. 이런 일들은 오늘날 우리가 사는 세상에서도 빈번히 일어난다.

하만과 모르드개

사람들은 하만이 문제 있는 사람인 것을 알면서도 권력이 두려워 그 앞에서는 그의 심기를 거스르는 행동을 하지 않았다. 단 한 명의 예외가 있다면 바로 에스더 왕후의 사촌오빠인 모르드개였다.

대궐 문에 있는 왕의 모든 신하들이 다 왕의 명령대로 하만에게 꿇어 절하되 모르드개는 꿇지도 아니하고 절하지도 아니하니 에 3:2

대궐 문지기였던 모르드개는 하만이 대궐을 출입할 때 누구보다도 앞장서서 무릎 꿇고 절해야 하는 위치에 있었지만, 그는 다른 사람들과 달리 하만에게 절하지 않았다.

기겁한 주변 동료들은 모르드개에게 '뭐하는 짓이냐! 당장 절하지 못해! 너 때문에 우리까지 경을 치게 생겼다'라며 면박을 주었다. 혹자는 말단 문지기인 모르드개가 감히 왕명을 어기고 하만에게 절하지 않은 것은, 사촌동생인 에스더 왕후를 믿고 그런 것이라고 한다. 하지만 그건 아닌 것 같다. 모르드개는 에스더 왕후가 유다인이란 사실도, 자신이 그녀의 사촌오빠란 사실도 철저히 비밀로 했기 때문이다.

모르드개는 계속 자신을 압박하는 신하들의 질책에 어쩔 수 없이 자신이 하만에게 절하지 못하는 이유를 밝혔다.

날마다 권하되 모르드개가 듣지 아니하고 자기는 유다인임을 알렸더니 그들이 모르드개의 일이 어찌 되나 보고자 하여 하만에게 전하였더라 에 3:4

"자기는 유다인임을 알렸더니."

왕후 선발에 나간 사촌동생 에스더에게는 유다인임을 밝히지 말라고 한 모르드개가 오히려 당당하게 자신이 유다인임을 알린 이유는 무엇일까? 자신이 유다인인 것이 왜 총리대신에게 절하지 못하는 이유일까? 혹자는 그가 유다인이어서, 아무리 높은 사람이라 해도 사람에게 절하는 것은 우상숭배로 여겼기 때문이라고 한다.

그러나 꼭 그렇지만도 않은 것 같다. 아랫사람이 왕이나 다른 높은 상관에게 무릎 꿇고 절하는 것은 고대 페르시아의 전통적인 관습이며 예법이었다. 대궐의 문지기인 모르드개가 평소 다른 상관들에게도 그렇게 했다면, 이미 문제가 되어 처형당하거나 쫓겨났을 것이다. 모르드개를 비롯한 페르시아의 유다인들은 높은 신분의 사람에게 예를 표하는 것을 우상숭배의 행위와 관련짓지는 않았다. 실제 이유는 따로 있었다.

영적 전쟁의 뿌리

유다인인 모르드개가 아각 사람인 하만에게 절하지 않은 데는 깊은 역사적 뿌리가 있다. 아각은 전통적으로 유다 민족과 적대 관계를 유지해온 아말렉 민족의 왕가를 가리킨다. 약 천 년 전, 애굽을 탈출한 이스라엘 백성들이 가나안 여정을 시작하는 르비딤 광야에서 아말렉 족속의 공격을 받았다.

당시 아말렉 족속은 이스라엘 백성들을 공격하여 큰 피해를 입혔는데, 그들은 이스라엘의 후미를 노려 피곤에 지친 노인이나 여자, 어린애들을 공격해서 살육했다. 하나님께서는 이런 아말렉의 죄를 결코 잊지 않으시고 이스라엘 백성에게도 반드시 아말렉을 징벌할 것을 명하신 바 있다.

> 너희는 애굽에서 나오는 길에 아말렉이 네게 행한 일을 기억하라 곧 그들이 너를 길에서 만나 네가 피곤할 때에 네 뒤에 떨어진 약한 자들을 쳤고 하나님을 두려워하지 아니하였느니라 그러므로 네 하나님 여호와께서 네게 기업으로 주어 차지하게 하시는 땅에서 네 하나님 여호와께서 사방에 있는 모든 적군으로부터 네게 안식을 주실 때에 너는 천하에서 아말렉에 대한 기억을 지워버리라 너는 잊지 말지니라 신 25:17-19

수백 년이 흐른 뒤, 하나님께서는 이스라엘의 첫 왕인 사울에게 가장 먼저 아말렉 족속을 쳐서 그들을 진멸하라고 명령하셨다. 그러나 사울은 하나님의 말씀에 불순종하고 아말렉의 왕 아각을 비롯한 아말렉 족속의 일부를 살려두었다. 그러면서도 말도 안 되는 핑계로 일관하다가 호되게 야단만 맞았다.

사울이 사무엘에게 이르되 나는 실로 여호와의 목소리를 청종하여 여호와께서 보내신 길로 가서 아말렉 왕 아각을 끌어 왔고 아말렉 사람들을 진멸하였으나 다만 백성이 그 마땅히 멸할 것 중에서 가장 좋은 것으로 길갈에서 당신의 하나님 여호와께 제사하려고 양과 소를 끌어 왔나이다 하는지라 사무엘이 이르되 여호와께서 번제와 다른 제사를 그의 목소리를 청종하는 것을 좋아하심 같이 좋아하시겠나이까 순종이 제사보다 낫고 듣는 것이 숫양의 기름보다 나으니 삼

상 15:20-22

이에 사무엘 선지자가 이날 사울 대신 아각 왕을 죽였다. 하지만 그의 후손 일부가 살아남았다(아마 미리 뇌물을 받은 사울 왕이 뒤를 봐 주었기 때문이었을 것이다). 하만은 바로 이 살아남은 아말렉 왕족인 아각 자손이었던 것이다. 악한 아말렉의 핏줄인 하만이 수백 년 후 페르시아 왕국의 2인자로 올라갔다는 사실은 사탄의 세력이 얼마나 끈질기고 강한지를 말해준다.

이런 이유로 인해서, 모르드개는 자신은 하나님의 백성 유다인이기 때문에 하나님의 백성을 핍박한 아말렉 혈통인 하만에게 무릎 꿇고 절할 수 없다고 한 것이다. 하나님의 사람 모르드개는 하나님의

민족을 공격했던 악한 아말렉 세력에 대한 하나님의 심판 명령에 순종한 것이었다.

특히, 에스더서 2장 5절에 소개된 모르드개의 가문을 보면, 모르드개는 사울 왕이 속했던 베냐민 지파 사람임을 알 수 있다. 천 년 전, 광야에서 이스라엘 백성과 아말렉의 충돌로 시작된 싸움, 그리고 4백 년 전, 베냐민의 사울 왕이 해내지 못한 아말렉 족속과의 싸움을 이제 이역만리 페르시아에서 믿음의 후손 모르드개가 다시금 계속하고 있는 것이다.

우리는 여기서 영적 전쟁의 실체에 대해 새삼 깨닫게 된다. 믿음의 조상이 자신에게 주어진 하나님의 사명을 깔끔히 완수하지 못하면 그 후손들이 두고두고 고통을 겪게 된다. 사울 왕은 아각 가문을 하나님 말씀대로 멸하지 않고 남겨 둔 여파가 수백 년 뒤 이렇게 무서운 칼이 되어 돌아올 줄은 꿈에도 몰랐을 것이다. 우리 시대에 주어진 하나님의 사명을 확실히 완수해야 한다. 우리 세대에 물리쳐야 할 마귀를 확실히 물리치지 않으면 우리의 자녀 세대가 엄청난 영적 공격을 받게 될지도 모른다.

영적 전쟁의 뿌리는 우리가 생각하는 것보다 길고 깊다. 마귀는 세대가 바뀌어도 변함없이 믿음의 사람들과 그 자손들을 공격한다. 어쩌면 우리가 지금 겪고 있는 영적 전쟁은 우리 부모의 대에, 아니 우리 할아버지, 아니 그 전에 처음 예수를 믿었던 믿음의 조상 때부터 시작된 것인지도 모른다.

그리고 지금 마귀가 우리를 공격하고 있는 것은 어쩌면 우리의 오늘만이 아니라 우리의 미래까지 노리고 있는 것인지도 모른다. 즉, 우리만이 아니라 우리의 자녀, 아니면 그 자녀의 자녀 때를 겨냥한 것인지도 모른다. 우리의 오늘이 아니라 우리의 미래를 위해서도 싸워야 한다. 지금 공격받고 있는 유다인들의 후손에서 훗날 예수 그리스도가 태어나시고, 그의 제자들이 태어나게 된다. 또한, 모르드개가 속한 베냐민 지파에서 훗날 사도 바울이라는 위대한 하나님의 사람이 태어나게 된다. 지금 모르드개와 에스더는 자신들의 생존뿐 아니라, 위대한 믿음의 후손들과 그들이 이룰 부흥의 내일을 위해 싸우고 있는 것이다. 영적 전쟁은 우리의 자손들과 우리의 미래를 위해서라도 반드시 싸워 승리해야 하는 것이다.

유다인 말살의 무서운 음모

4절에 보면 모르드개가 자신이 유다인이기 때문에 하만에게 절하지 못한다고 말한 것을 그대로 하만에게 전한 사람들이 있었다고 했다. 세상에는 참으로 고약한 사람들이 많다. 아이들은 장난으로 돌을 던지지만, 그 돌에 지나가는 개구리가 맞아 죽는다. 우리가 무심코 흘린 말로 인해 한 사람의 생명이 왔다 갔다 하는 수가 있다. 모르드개의 주위 동료들이 호기심 반, 하만에 대한 아부 반으로 모르드개가 절하지 않은 것을 하만에게 고자질한다.

그 큰 제국의 총리대신인 하만이, 한낱 궁궐 문지기에 불과한 모르드개가 절을 안 한 사실을 누가 말해주지 않은 이상 어떻게 알았겠는가. 왕궁 앞에서 근무하는 병사들과 문지기들과 신하들은 수백 명이 넘었다. 그리고 조금만 양식이 있는 사람이라면 하만이 어떤 성정의 사람인지 익히 알았을 것이고, 이런 말이 그의 귀에 들어가면 어떤 끔찍한 결과가 나올 지도 알았을 것이다. 어찌 그렇게 생각 없이 말을 전한단 말인가. 이렇게 악하고 어리석은 것이 인간이다.

말을 조심해야 한다. 특히, 다른 사람에 대해서 함부로 부정적인 말을 하는 것은 정말 조심하자. 나는 아무 생각 없이 흘린 말 한마디가 뜻밖의 재앙을 불러올 수 있다.

아니나 다를까, 하만은 무섭게 분노했다. 감히 자신에게 절을 안한 것만으로도 처형감인데, 한술 더 떠서 절을 안 한 이유가 모르드개가 유다인이기 때문이라는 것이다. 하만의 분노는 더욱 폭발했다.

하만이 모르드개가 무릎을 꿇지도 아니하고 절하지도 아니함을 보고 매우 노하더니 그들이 모르드개의 민족을 하만에게 알리므로 하만이 모르드개만 죽이는 것이 부족하다고 생각하고 아하수에로의 온 나라에 있는 유다인 곧 모르드개의 민족을 다 멸하고자 하더라
에 3:5,6

이제 문제는 모르드개 개인의 차원을 넘어 유다 민족 전체에게로

확대되었다. 하만은 자신의 권력을 이용해서 수십만이 넘는 한 민족을 한꺼번에 죽이겠다는 끔찍한 계획을 세웠다. 당시 페르시아 제국 내에 흩어져 살고 있던 유다인의 숫자는 4백만이 넘는 것으로 추정된다. 아무리 하만이 포악한 인간이라고는 하나, 모르드개 한 사람에 대한 분노로 민족 전체를 멸망시키는 일을 이렇게 쉽게 결심했다고 보긴 어렵다.

모르드개가 자신의 영적 뿌리를 알고 있었다면 하만도 마찬가지였을 것이다. 아마도 아말렉 족속의 왕손인 그는 평소에 유다 민족을 향한 적개심을 오래 품어 왔음이 분명하다. 모르드개 사건은 그 도화선에 불을 댕긴 것뿐이다. 아마 모르드개가 아니었어도 언젠가는 터질 일이었는지도 모른다.

하만의 마음속에는 하나님의 백성을 몰살시키려는 마귀의 역사가 있었음이 분명하다. 그 옛날 마귀는 모세를 죽이려고 애굽에 사는 모든 히브리 남자 아기들을 죽이라는 바로의 명령 뒤에서 역사했다. 또, 훗날 아기 예수를 죽이려고 베들레헴의 남자 아기들을 다 죽여버린 헤롯 왕의 뒤에서도 역사했다. 오늘날도 마귀는 하나님의 자녀들을 공격하기 위해 수단과 방법을 가리지 않는다. 왜? 하나님의 자녀들은 훗날 반드시 마귀의 권세를 무너뜨리는 빛의 사자들이 되기 때문이다. 그래서 우리는 항상 영적으로 깨어 있어서 우리와 우리 자녀들을 마귀의 영적 공격으로부터 지켜야 한다.

'유다인 말살'이라는 전무후무한 끔찍한 계획을 세운 하만은 거사를 결정하기 위해 제비를 뽑는다. 7절에 보면 하만은 '첫째 달 곧 니산월'에 점술가들을 동원해 제비를 뽑는다. 이것은 페르시아 제국 이전에 있었던 바벨론 종교 관습에 근거를 둔 것으로써, 그들은 한 해의 첫 달에 모든 신들이 인간의 운명을 결정하기 위해 지상에 내려오는데 그때 신탁을 받게 되면 그 일은 반드시 이뤄진다고 믿었다. 그래서 하만은 유다 민족 몰살이라는 엄청난 계획을 실행할 날짜를 그날 제비로 뽑은 것이다.

그런데 그 결과 거사 일이 11개월 뒤인 '열두째 달 곧 아달월'로 나왔다. 하만은 당장에라도 유다인 학살을 실행에 옮기고 싶었을 것이다. 그러나 이 중대한 일을 실행하는 데 있어서, 미신 신앙이 강한 그가 신탁을 무시할 수는 없었기에 그렇게 하기로 했다.

여기에는 하나님의 섭리가 있었다. 모르드개와 에스더를 비롯한 유다인들이 하만의 흉계를 뒤엎는 영적 준비를 할 수 있는 시간적 여유가 생겼기 때문이다. 하나님께서는 악한 자들의 계획을 역이용하셔서 그들을 심판하는 무기로 사용하신다.

그들이 내 걸음을 막으려고 그물을 준비하였으니 내 영혼이 억울하도다 그들이 내 앞에 웅덩이를 팠으나 자기들이 그 중에 빠졌도다

시 57:6

하만이 유다 민족을 음해하다

유다인 학살 계획을 구체화해가는 하만은 마지막으로 왕의 허락을 얻어낸다. 아무리 총리대신이라 해도 한 민족을 멸망시키는 일은 너무도 큰일이었기에, 왕의 허락이 필요했다. 교활한 하만은 왕 앞에 가서 아주 능란하게 유다인들을 음해한다.

하만이 아하수에로 왕에게 아뢰되 한 민족이 왕의 나라 각 지방 백성 중에 흩어져 거하는데 그 법률이 만민의 것과 달라서 왕의 법률을 지키지 아니하오니 용납하는 것이 왕에게 무익하니이다 에 3:8

"한 민족이 왕의 나라 각 지방 백성 중에 흩어져" 거한다고 했는데, 사실상 맞는 말이다. 유다인들은 바벨론 포로로 끌려왔다가 본국 귀환이 허락된 뒤에도 어쩔 수 없는 사정으로 제국의 곳곳에 흩어져 살고 있었다. 하만이 '한 민족'이라고 한 것은 유다인들이 페르시아에 끌려와서 흩어져 사는 수많은 보잘것없는 민족 중에 하나라고 그들을 평가 절하하기 위함이다.

그러나 유다인들은 보잘것없는 민족이 아니었다. 당시 팔레스타인을 포함하여 페르시아 제국 내에 살고 있는 유다인의 수는 4백만이 넘었고, 수산 성을 중심으로 바벨론 지역에 살고 있는 유다인들은 70만이 넘었다(이들 70만이 하만의 무서운 유다인 말살 계획의 1차 타깃이 될 것이다). 이들은 숫자만 많은 것이 아니라 부지런하고 뛰어난 각

분야의 전문직에 종사하는 성실한 시민들이었다. 하만은 선량하고 신실한 시민 70만을 그냥 없애도 되는 보잘것없는 존재로 폄하해버 렸다.

그는 한술 더 떠서 유다인들이 위험한 존재라고 했다.

"그 법률이 만민의 것과 달라서 왕의 법률을 지키지 아니하오니."

유다인들이 모세오경에 근거한 가치관과 도덕관을 가진 것은 사 실이지만, 그들은 자신들이 사는 이방 땅의 법을 최대한 존중했다. 그래야 살아남을 수 있었기 때문이다. 그런데 하만은 오히려 유다인 들이 그들의 율법만 존중하고 페르시아의 법을 무시하는 것처럼 음 해했다. 페르시아는 다양한 나라의 언어와 관습을 인정하는 포용성 을 보였지만, 나라의 법을 어기는 반역죄만은 엄하게 다스렸다. 하 만은 이 사실을 악용한 것이다.

결론적으로 하만은, "(이들을) 용납하는 것이 왕에게 무익하니이 다"라고 말했다. 이때, 영어성경에는 '용납'을 '톨레랑스'(tolerance)로 표현했는데 이는 '포용 정책'을 뜻한다. 세계제국 페르시아는 비교적 관대한 포용 정책을 썼는데, 유다인들의 경우는 그런 포용을 베푸는 것이 왕에게 전혀 도움이 되지 않는다는 뜻이다.

같은 말이라도 '아' 다르고 '어' 다른 법이다. 하만은 철저하게 진리 를 왜곡하며 유다인들을 모함했다. 총리대신이라면 유다인 또한 자 신이 품어야 할 페르시아 제국의 백성인 것인데, 어찌 이럴 수가 있는 가. 백성을 품어야 할 위정자들이 오히려 백성을 분열시키고, 특정 그

룹을 핍박하려 들면, 나라가 어찌 제대로 서겠는가. 그런 식으로 권력을 남용하면 반드시 나중에 자신에게 칼이 되어 돌아올 것이다.

하만의 교활한 계략

하만의 교활함이 드러나는 것은 그 다음부터다. 하만은 왕이 미처 자신의 청원을 숙고하기도 전에 은 1만 달란트라는 막대한 돈(뇌물)을 왕실 금고에 들여놓겠다고 제의한다(1만 달란트는 당시 페르시아 국가 1년 총수입의 3분의 2에 달하는 엄청난 돈으로, 요즘 돈으로 수십억 달러가 넘는다).

당시 페르시아는 그리스와 큰 전쟁을 치르고 난 뒤, 국고가 거의 바닥이 날 정도로 힘든 상황이었다. 교활한 하만은 이런 상황까지 계산하고 그 엄청난 뇌물을 약속함으로써 왕의 마음을 움직이고자 했다. 학자들은 소수민족 출신인 하만이 애초에 총리대신 자리에 오르게 된 것도 많은 정치자금을 제공했기 때문이었을 것으로 추측한다.

그렇다면 하만은 도대체 은 1만 달란트라는 엄청난 돈을 어디서 마련할 심산이었을까? 하만은 부자이긴 했지만 그 정도는 아니었다. 그는 수산 성 70만 유다인을 몰살시킨 뒤 그들의 재산을 몰수하여 그 돈을 왕에게 바칠 생각이었던 것이다. 2차 대전 때 히틀러가 유대인들을 다 잡아들인 이유 중에 하나도 유대인들이 가진 막대한 재산을 갖기 위해서였다.

하만은 죄 없는 유다인들을 음해하고 죽이는 것도 모자라, 그들의 재산까지 강탈하여 정치자금으로 사용할 작정이었다. 마귀는 이렇게 하나님의 백성들을 음해하고, 그들의 생명을 빼앗으며, 가진 것마저 탈취해가는 강도 같은 존재다.

세상의 돈과 권력의 힘을 이용하여, 유다인들을 옭아매는 하만에게서 우리는 마귀가 얼마나 무섭고 교활한 존재인가를 배운다. 세상적인 방법과 힘으로는 세상 시스템을 꿰고 있는 마귀와 싸워 이길 수 없다. 우리는 성령의 지혜와 힘으로 싸워야 한다.

그런데 문제는 아하수에로 왕이었다. 자존심이 강하고, 충동적이며, 단순한 아하수에로 왕은 하만의 요청을 흔쾌히 수락했다. 그뿐이 아니었다. 하만의 충성심에 감동한 왕은 뇌물로 받은 돈도 도로 돌려주고, 그에 대한 신임의 표시로 반지까지 하사했다(당시 왕의 반지는 국서에 왕의 허락을 의미하는 도장으로 사용되었던, 공문서에 찍히는 반지 형태의 옥새였다. 한 번 찍히면 결코 돌이킬 수 없는 절대성을 가졌다).

제국 전역에 흩어져 성실히 살아가는 70만이나 되는 한 민족을 멸망시키는 끔찍한 일을, 왕은 전혀 숙고해 보지도 않고 대충 처리한 것이다. 그가 만약 나라의 모든 백성을 제 몸처럼 사랑하는 마음이 있는 왕이었다면 결코 있을 수 없는 일이었다. 초록은 동색이라고, 하만이나 그가 섬기는 왕이나 별 다를 바가 없었다.

아하수에로 왕은 악한 하만의 말 한마디로 인해 하나님의 섭리와는 전혀 다른, 유다 민족을 멸하는 어리석은 명령을 내리게 된다. 이는 아담과 하와가 마귀의 달콤한 말 한마디에 속아서 선악과를 따 먹은 것과 같다. 마귀는 오늘도 하만처럼 우리 곁에 붙어서 항상 악한 말을 달콤하게 속삭인다. 그러므로 우리는 항상 영적으로 깨어 있어서, 주변에서 우리를 흔드는 악한 말과 선한 말을 구별하는 지혜가 있어야 한다. 안 그러면 이렇게 엄청난 파국을 부르는 어리석은 결정을 내리기 때문이다.

페르시아 제국 전역에 반포되는 왕의 조서

하만은 왕의 마음이 변하기 전에 일을 처리하려고 무섭게 몰아붙였다. 왕의 어인이 찍힌 조서를 품은 역졸(전령)들이 즉시로 파발마에 올라 페르시아 제국 전역으로 달려 나갔다. 공권력이 악한 마음을 품고 움직이기 시작할 때, 그 여파는 상상을 초월할 정도로 무섭다. 어디 숨을 곳이 없고, 의지할 사람도 없다. 빠르고 무섭게 사방에서 목을 조이고 들어온다.

일이 이렇게 빠르게 진행된 것은 배후에 보이지 않는 어둠의 권세가 역사하고 있었기 때문에 가능했다. 태초부터 지금까지 악한 사탄은 항상 세상의 권세를 움직여서 하나님의 백성들을 집요하게 핍박해왔다. 이제 하나님 백성들의 운명은 거의 끝난 것 같았다. 평화롭던 수산 성에 무서운 피바람의 폭풍이 몰려오고 있었다.

역졸이 왕의 명령을 받들어 급히 나가매 그 조서가 도성 수산에도 반포되니 왕은 하만과 함께 앉아 마시되 수산 성은 어지럽더라 에 3:15

"수산 성은 어지럽더라"라는 말은, 한 민족을 한날한시에 전멸시켜 버리라는 왕의 조서를 받아 든 관리들이 충격을 받고 혼란스러웠다는 뜻이다. 수많은 이방 민족을 포용하여 세계제국을 이룬 페르시아였다. 그런데 합당한 이유도 없이 70만에 달하는 한 민족을 몰살시키라니, 이런 일은 전례도 없는 일이었다. 악한 마귀가 세상 권세를 잡고 휘두르게 되면, 세상은 이렇게 혼란스럽고 어지러워진다.

그런데도 "왕은 하만과 함께 앉아 마시되"라고 했다. 말도 안 되는 무도한 명령으로 나라는 어지러운데, 왕실의 왕은 하만에 의해 눈과 귀가 가려진 채로 화려한 파티에 취해 있었다. 이는 당시 페르시아 왕궁이 얼마나 참담한 상태였는지를 단적으로 보여준다.

어찌 보면 모든 일의 시작은 악한 하만에게 절하기를 거부한 모르드개로부터 비롯됐다. 세상을 살아가다 보면, 아무리 그 시대의 관습과 가치관을 인정한다 해도, 결코 하나님의 사람으로서 타협해선 안 되는 순간이 있다. 백만 인이 다 그 길을 간다 해도 하나님의 사람인 나는 결코 가서는 안 될 길이 있다는 것이다. 비록 그 선택이 내가 가진 모든 것을 잃는 결과를 초래한다 할지라도 하나님을 믿기에 그 길을 가야 할 때가 있다.

하나님의 백성을 핍박한 아말렉 자손 하만에게 절하기를 거부한 모르드개처럼 말이다. 수많은 동료들이 날마다 그의 옆에서 회유하고 협박해도 그는 미동조차 하지 않았다. 정말 중요한 결단의 순간에는 사람의 소리를 듣지 말고, 기도하며 말씀에 근거해서 결정해야 한다.

하만이 이 유다인 대학살 계획을 추진한 때는 아하수에로 왕이 즉위한 지 12년 되던 때였다. 그러나, 에스더가 페르시아의 왕후가 된 때는 이보다 5년 전인 아하수에로 왕 7년이었다. 하나님은 악한 하만의 가슴에 그 무서운 계획이 태동되기도 전에, 이미 자신의 백성들을 구원할 길을 예비해 놓고 계셨다. 하만은 자기 위에 아무도 없는 것처럼 거만했다. 그래서 그는 아무 힘 없는 사람인 줄 알고 모르드개와 그 민족을 짓밟으려 했다. 설마 그가 왕후 에스더의 사촌오빠요, 영적 멘토인 줄은 꿈에도 몰랐다. 11개월 후에 유다인들을 몰살시키려 했던 하만은, 이 악한 음모로 인해 석 달 뒤에 오히려 자신이 죽게 될 줄은 생각도 못했을 것이다.

하나님은 항상 인간을 앞서가시고, 마귀의 머리 꼭대기 위에 계신다. 우리가 알지 못하는 하나님의 히든카드가 가장 정확한 타이밍에 투입되어 우리를 지켜줄 것이다. 세상 권력의 악함 때문에 기죽지 말라.

어찌하여 이방 나라들이 분노하며 민족들이 헛된 일을 꾸미는가 세상의 군왕들이 나서며 관원들이 서로 꾀하여 여호와와 그의 기름 부음

받은 자를 대적하며 우리가 그들의 맨 것을 끊고 그의 결박을 벗어 버리자 하는도다 하늘에 계신 이가 웃으심이여 주께서 그들을 비웃으시리로다 그 때에 분을 발하며 진노하사 그들을 놀라게 하여 이르시기를 내가 나의 왕을 내 거룩한 산 시온에 세웠다 하시리로다 시 2:1-6

이 세상을 살아가는 동안은 어쩔 수 없이 하만 같은 악한 사람들을 많이 만나게 될 것이다. 함부로 남을 음해하고, 진리를 왜곡하며, 뇌물을 주고받고, 교만하며, 자기감정을 절제하지 못하는 사람들이 힘을 휘두른다. 누군가 우리를 아무 힘 없는 사람인 줄 알고 하만이 모르드개를 대한 것처럼 함부로 대할 수도 있다. 이 때문에 살면서 생각지도 못한 억울하고 힘든 상황을 많이 겪게 될 것이다. 그러나 두려워하지 말라. 그 어떤 세상의 권세보다 강하신 분이 바로 우리의 아버지이시다. 강하고 담대하라.

절망 같은 상황 속에서도, 태산같이 강해 보이는 적 앞에서도 하나님의 도우심이 당신과 함께 할 것이다. 아말렉과 이스라엘의 천 년이 넘는 적대 관계가 하만과 모르드개의 갈등 뒤에 있었듯이, 우리의 영적인 갈등 상황에도 당장 우리 눈에 보이는 상황보다 훨씬 더 깊은 영적 전쟁의 뿌리가 있다. 세상 권세를 잡은 마귀는 결코 교회를 가만두지 않는다. 그러니 우리는 하나님의 백성을 호시탐탐 공격하는 마귀의 세력이 실존함을 알고, 늘 깨어 기도해야 한다.

HOLY BREAKTHROUGH

하나님이 마련해두신
돌파구

에스더 4:1-17

1 모르드개가 이 모든 일을 알고 자기의 옷을 찢고 굵은 베 옷을 입고 재를 뒤집어쓰고 성중에 나가서 대성 통곡하며 2 대궐 문 앞까지 이르렀으니 굵은 베 옷을 입은 자는 대궐 문에 들어가지 못함이라 … 12 그가 에스더의 말을 모르드개에게 전하매 13 모르드개가 그를 시켜 에스더에게 회답하되 너는 왕궁에 있으니 모든 유다인 중에 홀로 목숨을 건지리라 생각하지 말라 14 이때에 네가 만일 잠잠하여 말이 없으면 유다인은 다른 데로 말미암아 놓임과 구원을 얻으려니와 너와 네 아버지 집은 멸망하리라 네가 왕후의 자리를 얻은 것이 이 때를 위함이 아닌지 누가 알겠느냐 하니 15 에스더가 모르드개에게 회답하여 이르되 16 당신은 가서 수산에 있는 유다인을 다 모으고 나를 위하여 금식하되 밤낮 삼 일을 먹지도 말고 마시지도 마소서 나도 나의 시녀와 더불어 이렇게 금식한 후에 규례를 어기고 왕에게 나아가리니 죽으면 죽으리이다 하니라 17 모르드개가 가서 에스더가 명령한 대로 다 행하니라

chapter **4**

죽으면 죽으리이다

페르시아 왕국의 새 총리대신 하만은, 교활한 술수를 써서 페르시아 안에 있는 모든 유다인을 한날한시에 몰살시키라는 왕의 교지를 받아냈다. 국가 공권력을 동원해서 수십만이 넘는 사람들을 한날한시에 죽이겠다는, 실로 무시무시한 인종 학살 음모였다.

이 무서운 사건의 발단은 왕궁의 문지기 모르드개가 하만에게 절하기를 거절한 데서 비롯되었다. 하만은 오래전부터 이스라엘 백성을 괴롭혀서 하나님의 진노를 산 아말렉의 왕족 아각 가문의 후손이었다. 유다인, 특히 베냐민 지파인 모르드개의 선조 사울 왕이, 하나님의 명령을 어기고 아각 왕족을 살려둔 여파가 수백 년 뒤 이렇게 무서운 칼이 되어 유다인들에게 돌아오고 만 것이다.

태초에 마귀의 반란에서부터 시작된 영적 전쟁의 뿌리는 우리가 생각하는 것보다 길고 깊다. 우리 세대에 물리쳐야 할 마귀를 확실히 물리치지 않으면, 우리 자녀 세대가 엄청난 영적 공격을 받게 된다는 것을 우리는 새삼 확인할 수 있다. 마귀는 세대가 바뀌어도 변함없이 믿음의 사람들과 그 자손들을 공격한다.

어쨌든, 하만의 이런 악한 음모로 인해 11개월 뒤, 페르시아 제국 내의 모든 유다인들은 한날한시에 전멸당할 수밖에 없는 절체절명의 위기에 놓이게 된다.

모르드개의 통곡과 금식

페르시아 전역의 유다인들을 죽이고 그들의 재산을 빼앗으라는 왕의 조서가 가장 먼저 나붙은 곳은, 수도인 수산 성의 대궐 안팎이었다. 대궐 문지기였던 모르드개는 당연히 그 일을 제일 먼저 알게 된 사람 중 하나였고, 그는 경악했다.

어쩌면 모르드개는 하만에게 절하지 않기로 했을 때, 자기 개인에게 가해지는 불이익이나 죽음까지는 각오했을 것이다. 하지만, 일이 이렇게까지 확대되어 온 유다 민족이 멸망의 위기에 처할 줄은 몰랐다. 그래서 모르드개는 동족에게 너무나 미안한 마음에, 크게 슬퍼하고 괴로워했을 것이다.

모르드개가 이 모든 일을 알고 자기의 옷을 찢고 굵은 베옷을 입고 재를 뒤집어쓰고 성중에 나가서 대성 통곡하며 에 4:1

모르드개는 자신의 슬픔을 격하게 공적으로 표현했다.

첫째로 그는 자기 옷을 찢었다. 극한 슬픔을 당했을 때, 유다인들은 자신의 옷을 잡고 양손으로 잡아당겨 찢어버리는 관습이 있었다. 창세기에 보면, 야곱이 사랑하는 자기 아들 요셉이 죽었다는 말을 들었을 때 옷을 찢으며 통곡했었다.

둘째로 모르드개는 굵은 베옷을 입었다. 굵은 베옷은 죽은 사람을 위해 곡할 때나, 국가 혹은 개인이 큰 재앙을 당했을 때, 그리고 참회를 할 때 입었다.

셋째로 그는 재를 뒤집어썼다. 불에 타고 남은 찌꺼기인 재는 아무 짝에도 쓸모없는 무가치함을 의미했다. 따라서 그것을 머리 위에 뿌리는 행위는 자신이 무가치하고 버림받은 존재가 되었음을 나타낸다.

살면서 한 번이라도 무서운 영적 공격을 받아본 사람은 이때 모르드개의 심정이 어떠했는가를 이해할 것이다. 자기 힘으로는 어떻게 해볼 수 없는 악한 어둠의 공격이 너무 극심해서, 할 수 있는 것이라고는 하나님 앞에 나아가 금식하고 울부짖으며 기도하는 것뿐일 때 말이다.

절박할 때 부르짖으라

모르드개가 이렇게 하나님 앞에 엎드려 결사적으로 기도하는 동안, 유다인 몰살의 왕명을 담은 공문은 역졸들의 손에 들려 페르시아 제국 곳곳으로 전달되고 있었다. 페르시아는 워낙 광대한 제국이었기 때문에 왕의 조서가 페르시아 전역에 배포되기까지 적어도 두 달은 걸렸을 것이다.

전국 곳곳에 있는 유다인들은 자신들에게 닥쳐올 끔찍한 운명에 대해 알게 됐다. 엄청난 충격과 슬픔에 사로잡힌 그들은 즉시 모르드개와 똑같이 애통해하며 금식에 들어갔다. 울고 부르짖으며, 굵은 베옷을 입고 재를 뒤집어쓴 자가 허다했다. 목숨이 경각에 달렸으니, 결사적으로 기도할 수밖에 없었다.

기도밖에 다른 수가 없을 때 하는 기도가 진짜 기도다. 더 이상 매달릴 곳이 없는 사람이 하나님께 매달릴 때, 그는 폼 잡고 점잖게 기도하지 않는다. 목이 쉴 정도로 부르짖을 것이며, 눈에서 피눈물이 쏟아지도록 처절할 것이다. 음식도 안 먹고 물도 안 마시며 기도한다는 것은 금식기도 중에서도 가장 극심한 금식기도다. 사태가 얼마나 심각한지를 절감하고 있다는 얘기다. 이렇게 식음을 전폐한 채 오랜 시간이 지나면 죽을 수도 있다. 이런 고통과 위험을 감수하면서까지 기도하는 게 어디 보통 일인가. 그만큼 절박하다는 것이다.

오늘날, 너무나 많은 축복 속에 사는 탓인지 우리 한국 크리스천들의 기도에는 그런 절박함이 없다. 다들 너무 점잖고, 용어가 화려하다. 급하지 않기 때문이다. 아쉬운 게 별로 없기 때문이다. 아직 믿는 구석이 남아 있기 때문이다. 하나님을 그냥 여러 옵션 중의 하나로만 보기 때문이다. 그러나, 진짜 기도는 그렇게 장난하듯이 하는 게 아니다. 진짜 신앙은 그렇게 적당히 믿는 게 아니다.

수많은 사람이 예수님을 만졌지만, 예수의 능력을 끌어낸 사람은 12년 동안 혈루증을 앓은 그 여인 한 명뿐이었다. 수많은 사람이 와서 기도하고 예배드리지만, 과연 얼마나 많은 사람이 성령의 능력과 감동에 취해 돌아가는가? '주님이 개입해주시지 않으면 내게는 다른 길이 없다'라는 절망적인 희망으로 주께 나아가야 한다. 그래야 산다.

환난 날에 나를 부르라 내가 너를 건지리니 네가 나를 영화롭게 하리로다 시 50:15

영적 대각성의 계기

사람이나 조직은 충격을 받아야만 변한다고 했다. 사실 페르시아 제국 안에 흩어져 살던 유다인들은 지금까지 한 번도 이렇게 절박하게 기도해본 적이 없었다. 여러 민족을 비교적 관대히 포용해주는 페르시아의 정책으로 인해 지금까지 별다른 불편을 느끼지 않았기 때문이다. 특히 유다인들은 영특하고 장사를 잘하고 성실했기 때문에 페르시아 제국 안에서도 중산층 이상의 삶을 영위하고 있었다. 한마디로 살 만했다는 얘기다.

문제는 그렇게 백 년 넘게 살아오다 보니까, 초기의 예루살렘을 그리워하던 뜨거운 신앙이 많이 식어버렸다는 데 있었다. 그들에게 있어서 세상 제국 페르시아는 평안한 삶을 제공해 주는 고마운 존재였다. 그런데 한순간에 그런 페르시아가 자기들을 유다인이라는 이유 하나로 몰살시키겠다고 달려든 것이다. 청천벽력 같은 일이었다.

대부분이 2대, 3대째 되는 유다인들 중 많은 수는 자신이 유다인이란 사실도 잊고 살았을 것이다. 코로나19 유행 당시, 미국에서 트럼프 대통령이 코로나 바이러스를 가리켜 '차이나 바이러스'라고 부르면서 중국을 질타했을 때, 미국에 사는 동양인들은 졸지에 코로나 바이러스의 숙주처럼 몰려 인종차별적 모욕을 당했다. 이때 미국에서 나고 자란 교포 2세, 3세들은 자신들이 미국인인 줄 알고 살다가 졸지에 인종차별적 욕설을 듣고 충격을 받았다고 한다(미국 서양인들의 눈에는 한국인이나 중국인이나 일본인이 별 차이가 없다고 한다).

어쨌든 이 사태는 당시 유다인들이 가졌던 수많은 인종을 관대하게 어우르는 국제사회 페르시아 제국에 대한 핑크빛 환상이 산산이 깨져 버리는 순간이었다. 마귀가 세상 권세를 잡고 있다는 말을 쉽게 생각해선 안 된다. 지금 눈에 보이는 상황에 현혹되어서는 안 된다. 마귀는 우리가 잘못한 것이 없어도, 우리가 하나님의 자녀라는 이유 하나만으로 우리에 대한 적개심을 불태우는 존재다. 그 마귀가 세상 권세, 즉 정치, 경제, 언론, 문화를 다 장악하고 있다. 기회만 되면 가차 없이 그 날카로운 발톱을 드러낼 것이다. 지금 유다인들은 페르시아 제국 뒤에 있는 마귀의 실체가 얼마나 무서운지를 깨닫게 된 것이다.

전에 못 보던 영적 전쟁의 실체를 보기 시작하자, 그들은 목숨 걸고 기도하는 수밖에 없었다. 영적 전쟁의 실체를 보기 전에는 기도가 영적 전쟁이라는 사실을 알지 못하기 때문에, 메마르고 형식적인 기도를 한다. 그러나, 발등에 마귀의 영적 공격이라는 불똥이 떨어지게 되면 정신이 번쩍 들게 되고, 그때부터 그들은 그리스도의 군대로 돌아오게 된다. 유다인들은 목숨을 걸고 그들의 하나님께 금식하며 기도했다. 안일하던 그들의 신앙에 불이 붙으면서, 포효하는 사자처럼 그들의 영적 야성이 살아난 것이다.

이러한 영적 각성은 이때부터 15년 뒤인 주전 458년, 에스라가 이끄는 2차 포로 귀환 사건에 결정적인 영적 준비가 된다. 아마 에스더 때 이런 큰 위기와 구원이 없었다면, 유다인들은 페르시아라는 세상 제국에 대한 환상을 가지고 나태하게 살며, 자신들이 예루살렘으로 다시 돌아가야 하는 하나님의 백성이라는 것도 잊고 살았을 것이다.

그렇기에 당장은 생사를 오가는 큰 위기였지만, 이 상황은 하나님의 백성들로 하여금 자신들이 세상에 속한 자가 아닌, 영원한 하나님 나라에 속한 사람들임을 깨닫게 해주는 영적 대각성의 계기가 되었다. 하나님이 허락하시는 모든 고난에는 뜻이 있다.

에스더에게 소식이 전해지다

모르드개는 사람들이 많이 왕래하는 수산 성의 거리에 나가서 굵은 베옷을 입고 재를 뒤집어쓴 채로 대성통곡했다. 최대한 사람들의 이목을 끌기 위해 한 행동이었다. 심지어 대궐 문 앞에까지 나갔다가 저지당했다. 당시 페르시아에서는 왕이 거하는 대궐 안에서 슬픔을 표하거나 애곡할 수 없게 되어 있었기 때문에, 이건 잘못하면 처형당할 수도 있는 위험한 일이었다.

대궐 문지기인 모르드개가 그 사실을 몰랐을 리 없다. 그럼에도 불구하고 모르드개가 이런 담대한 행동을 한 것은 어떻게든 이 일을 에스더 왕후에게 알리고 싶어서였다. 바깥 세상과 차단된 채 궁궐 안에서만 사는 에스더에게 이 상황을 알릴 길이 달리 없었기 때문일 것이다.

모르드개의 계획은 적중했다. 모르드개가 베옷을 입고 대궐 문밖에 앉아 재를 뒤집어쓴 채 애통해하고 있다는 소식을 들은 에스더는 큰 충격을 받았다. 그래서 그의 슬픔을 위로하기 위해 이미 찢어버린 옷 대신 입을 의복을 보냈다.

그때까지만 해도 에스더는 모르드개의 슬픔이 개인적인 일로 인한 것이라고 생각했다. TV나 신문, 컴퓨터나 스마트폰이 없던 시대다. 왕궁 깊숙한 곳에 있는 에스더와 다른 후궁들과 시녀들은 유다인 말살을 획책하는 하만의 음모나 아하수에로 왕의 조서에 대해 아무것도 모르고 있었다. 그래서 에스더는 시녀를 보내 새 옷을 전달하며 모르드개를 위로하려 했다. 그러자 모르드개는 에스더의 옷을 단번에 거절했다.

비로소 에스더는 모르드개에게 닥친 일이 개인적인 시련이 아님을 직감하고, 이번에는 자신이 신뢰하는 내시 하닥을 은밀하게 모르드개에게 보내 자세한 내막을 알아보게 했다. 그제서야 모르드개는 하만의 악한 음모로 유다 민족 전부가 멸망하게 된 사건의 전말을 샅샅이 에스더에게 전해주었다. 모르드개는 특히, 하만이 돈으로 왕의 눈을 어둡게 해서 이 무서운 계획을 관철했다는 사실까지 알려주었다. 모르드개는 유다인을 진멸하라고 내린 왕의 조서 사본까지 내시에게 들려서 에스더에게 전했다. 에스더가 상황의 심각성을 충분히 알 수 있도록 모든 자료를 전달한 것이다.

그리고 결론적으로 모르드개는 왕후 에스더에게 왕 앞에 나아가 멸망의 위기에 놓인 유다 민족을 위하여 탄원해달라는 부탁을 한다.

에스더의 망설임과 모르드개의 도전

사건의 정황을 알게 된 에스더는 소스라치게 놀랐을 것이다. 그리고 자신의 동족에게 다가올 끔찍한 재앙에 대해 너무나 애통한 마음을 가졌을 것이다. 할 수만 있다면 자신의 모든 힘을 동원해서라도 이 문제를 해결하고 싶었을 것이다. 그러나 왕에게 탄원해달라는 모르드개의 부탁에 에스더는 자신의 난처한 처지를 말한다.

왕의 신하들과 왕의 각 지방 백성이 다 알거니와 남녀를 막론하고 부름을 받지 아니하고 안뜰에 들어가서 왕에게 나가면 오직 죽이는 법이요 왕이 그 자에게 금 규를 내밀어야 살 것이라 이제 내가 부름을 입어 왕에게 나가지 못한지가 이미 삼십 일이라 하라 하니라 에 4:11

에스더의 말은 엄살이 아니었다. 자기만 안전하면 된다는 이기주의적인 태도가 아니다. 페르시아 제국의 법도상, 왕이 일단 반포한 조서는 결코 돌이킬 수 없는 절대성이 있었으며, 예외는 단 한 번도 없었다.

또한, 페르시아 왕궁의 법으로, 왕의 부름을 받지 않고 궁궐의 안뜰에 들어가 왕에게 나가는 자는 무조건 죽게 되어 있었다. 당시는 암살 위협이 끊이지 않던 때라, 왕의 허락 없이 안뜰로 들어오는 자는 무조건 암살자나 암살자와 내통한 자로 간주하여 호위대가 이유를 묻지 않고 즉시 죽였다(실제로 그런 일이 많았다고 한다).

단 하나의 예외가 있다면, 왕이 마음에 흡족히 여겨 호위대를 막고 자신이 가진 금홀을 내미는 것이었다. 하지만 당시 페르시아의 역사를 보면, 이렇게 금홀을 받고 살아난 자는 거의 없었다고 한다.

게다가 당시 에스더는 최근 왕으로부터 부름을 받지 못한 지가 30일이 넘었다. 자세한 이유는 모르지만 최근에 왕이 왕후 에스더를 멀리할 정도로 부부 관계가 소원한 상태였다는 얘기다. 게다가 아하수에로 왕은 분노조절장애가 있는, 변덕이 심한 왕이었다.

이런 상태에서 에스더는 자신이 왕의 특별한 자비를 얻을 수 있을지를 확신할 수 없었다. 자칫 잘못하면 자신마저 폐위된 와스디 왕후처럼 될 수도 있었다. 이런 복잡한 상황으로 인해, 에스더는 동족이 멸망의 위기에 있다는 사실을 접하고도 그토록 망설인 것이다. 유다인들은 11개월 후에 죽게 되어 있었지만, 자기는 당장 죽을 수도 있었으니 말이다.

한편, 고민하는 에스더를 향해 모르드개는 위로가 아닌 추상같은 도전을 준다.

> 모르드개가 그를 시켜 에스더에게 회답하되 너는 왕궁에 있으니 모든 유다인 중에 홀로 목숨을 건지리라 생각하지 말라 이때에 네가 만일 잠잠하여 말이 없으면 유다인은 다른 데로 말미암아 놓임과 구원을 얻으려니와 너와 네 아버지 집은 멸망하리라 네가 왕후의 자리를 얻은 것이 이 때를 위함이 아닌지 누가 알겠느냐 하니 에 4:13,14

모르드개가 하고자 하는 말의 요지는 이것이었다.

'에스더 네가 지금 높은 왕후의 신분으로 궁궐 안에 있다고 해서 이 재앙으로부터 열외가 되리라고 생각하지 마라. 저 지독한 하만은 수단과 방법을 가리지 않고 페르시아 안에 있는 모든 유다인을 샅샅이 찾아낼 것이다. 그렇게 되면 아무리 깊숙한 궁중의 왕후 신분이라 해도 에스더 너 또한 언젠가는 유다인임이 드러나게 될 것이다. 시간

문제일 뿐이지, 너도 결코 안전할 수 없다. 우리 하나님의 자녀들은 공동 운명체다. 한 사람에게 문제가 생기면 강 건너 불구경하듯 하지 말고, 형제의 일이 바로 내 일임을 인식해야 한다.'

모르드개는 신실하신 하나님께서 어떤 방법을 통해서든 자기 백성을 구원하실 것을 확신했다. 그래서 만일 에스더가 자신의 안전을 위해 하나님이 주신 사명을 포기하고 숨어버린다면, 그녀와 그녀의 집안은 영적 비겁함의 대가로 하나님의 심판을 받아 멸망할 것이라고 전하는 것이다. 이것은 에스더를 위협하기 위한 것이라기보다 구원은 오직 하나님께로부터 온다는 것을 강조하기 위함이었다.

내게 주신 축복은 나만을 위한 게 아니다

하나님의 일을 하면서 '내가 아니면 안 된다'라는 생각을 버려야 한다. 하나님은 길의 돌들로도 아브라함의 자식 되게 하신다고 했다. 하나님은 누구든 들어서 사용하실 수 있다. 하나님의 일을 하는 도구로 나 같은 죄인이 선택된 것을 영광으로 알아야 한다. 내가 불순종하면 하나님은 다른 사람을 쓰셔서 일을 행하실 것이다. 대신, 나는 순종하는 종에게 예비된 엄청난 축복을 잃어버리게 될 것이다. 하나님이 기회를 주실 때, 부담으로 생각하지 말고 영광으로 생각하라.

"네가 왕후의 자리를 얻은 것이 이때를 위함이 아닌지 누가 알겠느냐."

모르드개의 이 말은 이런 뜻이다.

'5년 전, 네가 원한 것은 아니었지만, 그 치열한 경쟁을 뚫고 너는 페르시아 왕후의 자리에 올랐다. 이는 운이 좋아서도 아니었고, 네 노력이나 배경으로 된 것도 아니었다. 그것은 하나님이 하신 일이다. 하나님이 왜 그러셨겠느냐? 바로 오늘 같은 위기에 너를 쓰시고자 함이 아니겠느냐!'

그렇다. 축복은 절대 우리 자신이 잘 먹고 잘살라고 주시는 게 아니다. 하나님이 우리에게 축복을 주시는 것은 우리로 하여금 축복의 통로가 되게 하려 하심이다. 하나님께서 믿음의 조상 아브라함을 축복하실 때도 열방을 위한 축복의 통로가 되라고 하셨다. 하나님께서는 우리에게 축복을 주실 때, 항상 우리를 통해 축복받을 사람들을 염두에 두고 계신다.

그런데 만약 우리가 축복을 받기만 해 놓고 흘려보내기를 거부한다면, 축복은 저주가 될 것이다. 모르드개가 망설이는 에스더를 준엄하게 꾸짖은 말의 요지가 바로 이것이다.

'변변치 않은 배경의 너를 하나님이 왕후의 자리까지 올려주신 것은 너 자신을 위해서가 아니라 민족을 살리기 위해서임을 정녕 모른단 말이냐.'

아무것도 없을 때는 하나님을 위해 과감히 헌신할 수 있다. 생각해 보니 오래전 내가 대학생이었을 당시에는 대학이나 청년 집회 때 헌신하라고 하면 겁 없이 일어나는 친구들이 많았다.

'주여, 제가 주를 위해 인생을 바치겠습니다. 선교사로 가겠습니다. 사역자가 되겠습니다.'

그러나 그 대학생들이 3, 40대 직장인이 되고, 결혼하여 가정이 생기고, 집도 생기고, 차도 생기면 헌신하라고 할 때 주저한다. 가진 게 많아지고 부양할 가족이 생겼기 때문이다. 그러니 그들은 슬그머니 헌신자의 대열에서 빠져 방관자의 대열로 물러난다. 잃을 게 많아졌기 때문이다.

우리는 자연스럽게 우리가 가진 것을 보존하고 싶고, 지금의 작은 행복에 안주하고 싶다. 눈에 보이는 성공은 진정한 영적 성공으로 가는 길을 막는 가장 무거운 걸림돌이 될 수 있다. 우리가 우리 자신의 행복과 안전만 생각하고 하나님의 나라를 위해서 위험을 감수하기를 꺼린다면, 우리도 에스더처럼 모르드개의 준엄한 꾸지람을 들어야 한다. 하나님께서 우리를 쓰고자 하시지 않았다면, 처음부터 우리에게 남에게 주지 않은 축복을 부어주시지도 않았을 것이다. 우리가 축복에 취해서 축복을 주신 거룩한 목적을 망각한다면, 우리는 하나님의 마음을 아프게 할 것이다.

우리 하나님의 자녀들은 우리가 있는 자리가 그저 우연히 있게 된 자리라고 생각해선 안 된다. 내가 잘나서 순전히 내 노력으로 된 것이라는 생각은 더더욱 안 된다. 왜 우리가 이만한 돈을 벌게 됐는가. 왜 우리는 남들보다 더한 인기, 더한 학벌, 더 좋은 자리를 갖게 됐는가. 나와 내 가족이 잘 먹고 잘 살기 위해서일까? 결코 그것만은 아니다. 그것은 하나님께서 목적을 두고 주신 축복이다. 그 위치가 높고 귀하든지, 낮고 천하든지 간에 하나님께서 주신 것임을 알고 최선을 다해야 한다. 축복을 주실 때는 하나님의 목적이 있는 법이다. 축복을 받았으면 겸손히 하나님의 뜻을 찾도록 하라.

쓰임 받을 때가 있다

사람에게는 다 하나님께 쓰이는 때가 있는 법이다. 이전에 에스더가 왕후 후보로 간택되려 할 때, 모르드개는 그녀를 사람들의 편견으로부터 보호하기 위해 그녀가 유다인임을 밝히지 말라고 당부했었다. 그러나 이제 모르드개는 그녀에게 생명의 위험을 무릅쓰고 유다 민족을 대표해서 왕에게 나아가라고 독려하고 있다.

어쩌면 처음에 망설이는 모습을 보였던 에스더는 오늘의 교회를 상징할지도 모른다. 세상이 다 죽어가는데, 자신은 관여하기 두려워하는 비겁함이 우리에게는 은근히 있다. 그러나 하나님은 교회를 꾸짖으시고 일어나게 하신다. '남의 일이 아니고 바로 네 일이다'라고 하신다.

모르드개는 에스더에게 '이제 너의 때가 왔다'라고 한다. 세상적으로 스포트라이트를 받을 때가 아니고, 주를 위하여 목숨을 던질 때라고 말이다. 아말렉과의 영적 전쟁의 역사를 너무나 잘 아는 모르드개, 악한 권력자 하만의 무서움을 너무나 잘 아는 모르드개, 그리고 어릴 때부터 하나님께서 에스더를 어떻게 인도해 오셨는지를 너무나 잘 아는 모르드개다. 그는 이 무서운 민족의 위기 가운데, 하나님께서 지금껏 숨겨 놓으신 히든카드, 에스더를 드러내기를 원하심을 알았다. 그래서 왕후로서 누릴 수 있는 모든 것을 내려놓고, 하나님 나라를 위해 악의 세력과 싸우는 최전방에 나서라고 말하는 것이다. 이제야말로 하나님의 '슬리퍼 셀'(Sleeper Cell, 휴면 조직)을 깨우시는 때인 것이다.

'에스더, 하나님께서 이 무서운 영적 전쟁의 순간을 위해서 너의 평생을 준비해 오셨다. 이것은 단순한 민족의 생존 게임이 아니다. 태초부터 이어져 온 선과 악, 하나님과 마귀의 싸움, 이스라엘과 아말렉의 싸움의 연장선이다. 에스더, 너와 나는 둘 다 베냐민 지파 사람이다. 우리 베냐민의 선조 사울 왕이 살려두었던 아말렉의 후예가 지금 우리 민족을 전멸시키려 한다. 결자해지하자. 이제 우리의 조상이 잘못 시작한 불행한 역사를 네가 끝내야 한다.'

아마도 모르드개는 이렇게 말하고 싶었을 것이다.

에스더의 결단

성경에는 나오지 않지만, 어릴 때부터 그토록 따뜻이 자신을 격려해주었던 모르드개의 강한 질책을 받고, 에스더는 적잖은 충격을 받았을 것이다. 항상 인자하고 따뜻했던 사촌오빠 모르드개가 자신에게 이렇게까지 무섭게 얘기한 적이 없었으니 말이다.

에스더는 새삼 상황이 심각하다는 것을 깨닫고 밤을 새워 기도하며 고민했을 것이다. 정말 잘못했다가는 왕후의 자리는 물론, 자기 목숨까지도 한순간에 잃어버릴 수 있었다. 그 어떤 위대한 믿음의 사람도 이면에는 이렇게 보이지 않는 고민과 아픔이 있다. 쉽게 턱턱 되는 문제가 아니다. 예수님께도 십자가를 지시기 전날 밤, 겟세마네 동산의 피를 땀같이 흘리는 기도가 있었다. 에스더도 그런 밤을 보냈다.

사람이 살다 보면 이렇게 중대한 결정을 해야 하는 순간들이 있다. 진로 결정, 배우자 결정, 사업이 걸린 중요한 투자 결정 등 자신의 운명이 걸린 결정을 내려야 하는 순간이 있다. 특히 이 결정으로 인해 자기 자신뿐 아니라 거느린 가족, 혹은 여러 사람의 운명이 좌우될 때, 그 부담감은 너무나 크다. 결정의 순간은 참으로 고독하고 힘들다. 그러나 결코 누가 대신해 줄 수 없고, 시간도 넉넉지 않다.

에스더는 밤을 지새우며 기도하고 고민했다. 그리고 새벽이 밝아올 때, 마침내 결단을 내렸다. 모르드개에게 보낸 에스더의 답은 비장했다. 그것은 수백만 디아스포라 유다인의 운명을 바꾸는 엄청난 결단이었다.

당신은 가서 수산에 있는 유다인을 다 모으고 나를 위하여 금식하되 밤낮 삼 일을 먹지도 말고 마시지도 마소서 나도 나의 시녀와 더불

어 이렇게 금식한 후에 규례를 어기고 왕에게 나아가리니 죽으면 죽으리이다 하니라 에 4:16

첫째로 에스더는 수산에 있는 유다인들을 다 모아줄 것을 부탁했다. 이런 비상 상황에서 기도할 때는 한 사람도 빠짐없이, 모든 하나님의 백성이 총력을 기울여서 힘을 합쳐야 한다.

진실로 다시 너희에게 이르노니 너희 중의 두 사람이 땅에서 합심하여 무엇이든지 구하면 하늘에 계신 내 아버지께서 그들을 위하여 이루게 하시리라 두세 사람이 내 이름으로 모인 곳에는 나도 그들 중에 있느니라 마 18:19,20

혹시 지금 가족이 어떤 위기 앞에 있는가? 다 함께 모여 기도하라. 교회가 위기에 있는가? 전 성도가 함께 기도할 일이다. 나라가 위기라고 생각하는가? 온 나라 백성이 함께 전력으로 기도할 일이다.

둘째로 에스더는 그렇게 다들 모여서 자신을 위해 3일 밤낮을 금식하며 중보해달라고 요청했다.

일반적으로 금식은 하루만 하는 것이 관례였다. 그런데 에스더는 자신을 위해 70만 유다인이 3일 밤낮을 먹지도 마시지도 말고 금식할 것을 부탁한다. 그만큼 상황이 심각하고 어렵다는 뜻이다. 에스더가 만일 교만한 사람이었으면, 자신의 왕후 지위를 과시하면서 '나만 믿으라'라며 나섰을지도 모른다(부탁을 들어주면서도 우리는 그렇게 자기과시를 하기 좋아하니까 말이다). 그런데 에스더는 자기를 위해 전 민족이 금식하며 기도해줘야 한다고 부탁한다. 겸손한 자세다. 에스 더는 "이는 힘으로 되지 아니하며 능력으로 되지 아니하고 오직 나의 영으로"(슥 4:6) 되는 것임을 아는 사람이다. 앞에 나서서 싸우는 것 은 에스더 자신이 하겠지만, 유다 민족 전체가 자기 뒤에서 불같은 기도 지원 사격을 해달라고 부탁하는 것이다.

셋째로 에스더 자신도 시녀들과 함께 그렇게 금식할 것이라고 말 한다.

자기가 하기 싫은 일을 사람들에게 하라고 시키고 자신은 하지 않 는 건 리더가 아니다. 영적 리더십은 자신이 가장 먼저 뛰어들어 모범 을 보이는 것이다. 에스더는 자신과 시녀들이 먼저 3일 금식을 하겠 다고 한다. 산해진미가 가득한 왕궁에서, 다른 사람들은 아무 영문 도 모르는데 티 내지 않고 금식하기가 보통 힘든 일이 아니다. 그런 데도 하겠다는 것이다.

그뿐인가? 아하수에로 왕은 미색을 밝히는 왕이었다. 또한, 그 누 구도 왕 앞에서 근심 어린 낯빛을 보이거나 피곤해하거나 슬픈 내색 을 해서는 절대 안 되었다. 그런데 그런 왕 앞에 법도를 깨고 나가면 서, 에스더는 3일 동안 금식을 한 뒤, 나가겠다고 한다.

지금 왕에게 중대한 부탁을 하러 가는 참이니 최대한 피부 관리라 도 하면서 화장도 잘하고 예쁘게 보여야 하지 않겠는가. 그런데 오히려 여인의 아름다움을 해치는 금식을 3일이나 하고 왕 앞에 나가 겠다고 한다. 에스더는 이 땅의 왕을 만나러 가기 전에 왕의 왕이신 하나님을 깊이 만나야 했다. 자신의 목숨이 걸린 이 일을 인간적인 방법이 아닌 하나님의 방법으로 해결하겠다는 것이다. 이번 일의 성 패가 왕에게 달린 게 아니라, 오직 하나님께 달려 있음을 에스더는 확신하고 있다.

정말 그렇다. 이런 절체절명의 위기의 순간은 우리가 생각하는 인 간적 방법만으론 해결되지 않는다. 상대가 돈을 좋아하니까 돈으로 해결할 수 있을 것 같지만, 그게 잘 안 된다. 진짜 위기의 순간에 하 나님의 사람이 해야 할 일은 기도이다. 위기의 순간에 우리가 해야 할 가장 위대한 선택은 하나님께 매달리는 것이다.

넷째로 에스더는 그런 후에 규례를 어기며 "죽으면 죽으리이다"(If I perish, I perish)의 각오로 왕 앞에 나아가겠다고 한다.

규례를 무시하고 왕에게 나아간 대가로 죽임을 당하게 된다 할지 라도 감수하겠다는 것이다. 민족과 운명을 함께하겠다는 결단이다. 유다 민족이 죽는다면 자기 혼자 살아남을 수 없고, 민족이 산다면 자기도 함께 살 것이라는 의미다. 그러므로, "죽으면 죽으리이다"라 는 말은 상황을 체념하는 절망의 소리가 아니다. 오히려 하나님께서 자기 백성을 멸망케 하지 않을 것이라는 확신에서 비롯된 소망의 고 백이다. 그토록 힘들여 올랐던 왕후의 자리, 어쩌면 자기 목숨까지 도 한순간에 다 잃을 수 있었다.

그러나 에스더는 망설이지 않았다. 그녀의 눈빛은 결의에 차 있었다. 그녀는 더 이상 죽음 앞에 머뭇거리는 나약한 여인이 아니라, 죽음을 딛고 모든 것을 하나님께 맡기는 신앙인으로 선 것이다. 부활을 확신하고 십자가로 가신 예수님의 믿음이다.

누구든지 제 목숨을 구원하고자 하면 잃을 것이요 누구든지 나를 위하여 제 목숨을 잃으면 찾으리라 마 16:25

하나님의 백성들이 너무 살고자 발버둥 치니까 세상을 변화시키지 못하고 이렇게 무기력하다. 그러나 우리가 주님을 의지하고 모든 것을 잃을 각오를 한다면, 죽을 각오를 하고 말씀대로 산다면, 감히 어둠의 권세가 이기지 못할 것이다.

지금 모든 상황은 에스더에게 절대적으로 불리했다. 왕명 없이는 결코 왕 앞으로 함부로 나가서는 안 되는 페르시아 궁궐의 관례와 법규도 그랬고, 난폭하고 충동적인 왕의 예측할 수 없는 성정도 에스더에게 불리했다. 왕 다음의 권력자인 하만의 치밀하고 무서운 음모, 그리고 하만의 눈치를 보는 궁 내의 수많은 신하들과 내시, 궁녀들도 에스더에게는 불리했다. 아직 폐위된 전 왕후 와스디에게 우호적인 세력들도 많았다.

그에 비해 천애 고아인데다가 유다 핏줄인 에스더에게는 도와줄 정치적 배경이 전무했다. 3일 동안 금식하는 일도 왕 앞에서 수척한 모습을 보여서는 안 되는 페르시아 후궁들의 관례상 너무나 위험한 일이었다. 이렇게 모든 객관적인 상황이 절대 불리한 가운데, 에스더는 오직 하나님만 믿고 나가야 했다.

영적 전쟁은 항상 영적 사명에 앞서서 우리에게 밀어닥친다. 하나님께서 우리를 쓰시기 위해 무대에 세우실 때, 그때 영적 공격이 함께 온다. 민족을 구원하는 에스더의 사명은 하만의 유다인 말살 음모로 인해 분명해지게 되었다.

유다인들의 목숨을 건 기도 합주회

수산 성과 그 주위의 70만 유다인들이 모두 3일 밤낮으로 금식기도에 들어갔다. 이것은 보통 일이 아니다. 그야말로 온 민족이 힘을 모아 하나님께 매달린 것이다. 유다인들이 구원받을 수 있었던 결정적인 힘은 왕후 에스더 개인의 영향력이 아니었다. 합심기도를 통한 하나님의 도우심이었다. 에스더는 하나님의 도구에 불과했다.

혹시 에스처더럼 지금 인생의 큰 위기 앞에 있는가? 그것이 자기 문제든, 배우자 문제든, 자녀 문제든, 교회 문제든 상관없다. 주위의 믿을 수 있는 성도에게 중보기도를 요청하라. 그리고 무엇보다 자기 자신도 금식하며 결사적으로 매달리라. 믿는 사람의 진실하고 간절한 기도는 하나님의 마음을 움직일 것이다. 불가능한 벽을 뚫고 기적을 일으킬 것이다. 작은 물방울도 수십만 개가 모이면 거대한 폭포가 되어 바위를 깨부순다. 합심기도의 힘이 그렇게 크다.

에스더와 모르드개와 수산 성의 유다인들처럼, 우리가 위기를 마주했을 때, 온 교회가 한 마음과 한뜻으로 뭉쳐서 회개하고 하나님께 부르짖으면 하나님께서 반드시 구원의 길을 열어주신다. 기도할 수 있는데 왜 고민하는가? 교회에 환난과 핍박이 닥친다고 하여 두려움에 떨지 말고, 오히려 그것을 함께 불같이 기도하는 계기로 삼아야 한다. 모두가 함께 전력으로 기도하는 기도의 심포니가 필요하다. 그래서 기도의 파도를 일으키고, 기도의 태풍을 일으켜야 한다. 그러면 우리 모두 하나님의 놀라운 응답을 체험할 것이다.

에스더 5:1-14

1 제삼일에 에스더가 왕후의 예복을 입고 왕궁 안 뜰 곧 어전 맞은편에 서니 왕이 어전에서 전 문을 대하여 왕좌에 앉았다가 2 왕후 에스더가 뜰에 선 것을 본즉 매우 사랑스러우므로 손에 잡았던 금 규를 그에게 내미니 에스더가 가까이 가서 금 규 끝을 만진지라 3 왕이 이르되 왕후 에스더여 그대의 소원이 무엇이며 요구가 무엇이냐 나라의 절반이라도 그대에게 주겠노라 하니 4 에스더가 이르되 오늘 내가 왕을 위하여 잔치를 베풀었사오니 왕이 좋게 여기시거든 하만과 함께 오소서 하니 …

chapter **5**

에스더의 용기와 지혜

지난 장에서 페르시아 왕후 에스더가 멸망의 위기에 처한 동족 유다인을 위해 죽을 각오를 하는 과정을 살펴보았다. 총리대신 하만의 치밀한 계획으로 이미 왕의 재가가 나서 전국으로 하달된 유다인 말살 지침은, 페르시아 관례상 결코 번복되는 게 불가능했다. 게다가 아하수에로 왕은 수틀리면 최측근 신하들도 죽여버릴 정도로 성정이 사납고 잔혹한 절대권력자였다.

또, 페르시아 궁정 관례상 아무리 왕후라 해도 왕이 부르지 않으면 절대로 왕의 어전에 먼저 나갈 수 없었다. 그러다 보니, 동족을 위해 왕에게 읍소하러 가는 것 자체가 죽음을 각오해야 하는 일이었다. 이에 에스더는 밤새 기도하며 고민했다. 그리고 모든 유다인들에게 자신과 함께 3일을 금식하며 기도해달라고 요청했다.

성경은 하나님의 백성들에게 위기가 올 때마다 한마음 한뜻으로 절박하게 기도하라고 가르친다. 그러면 불가능한 장벽이 무너져 내릴 것이다. 나 한 사람의 기도는 작은 물방울이지만, 모든 민족이 함께하는 기도는 거대한 폭포가 되어 하늘과 땅을 흔들 것이다. 교회 공동체의 불같은 합심기도에 하나님은 반드시 응답하시고 역사하신다.

"죽으면 죽으리이다!"

기도하며 하나님께 자신의 운명을 맡기겠다는 에스더의 이 비장한 선포는, 오늘날 반기독교적인 시대를 사는 우리 모든 성도가 배워야 할 영적 전사의 자세이다. 하나님의 백성을 공격하려는 마귀의 군대 앞에서 결코 등을 보이지 않고 담대히 십자가의 능력으로 정면 돌파하겠다는 결심이 필요하다. 이런 영적 야성이 우리에게 있어야 한다.

에스더의 용기

제삼 일에 에스더가 왕후의 예복을 입고 왕궁 안 뜰 곧 어전 맞은편에 서니 왕이 어전에서 전 문을 대하여 왕좌에 앉았다가 에 5:1

1절에 보면 에스더가 "제삼 일에" 왕 앞으로 나갔다고 했는데, '삼

일째'라고 번역하는 게 더 정확하다. 지난 3일 동안, 에스더의 요청으로 수십만 유다인이 목숨 걸고 금식하며 합심기도를 해 왔다. 그렇게 기도한 지 3일째 되는 날에 에스더가 왕 앞으로 나아간 것이다. 사실 3일 금식기도를 하기로 했으면 3일이 다 지나고 가는 것이 마땅한데, 에스더는 왜 3일째 되는 날, 그러니까 아직 3일이 다 채워지지도 않았는데 왕 앞으로 갔을까.

3일은 하나님이 명령하신 날수가 아닌 에스더 자신이 결심한 날수였다. 그런데 3일째 되던 날, 성령께서 에스더에게 어떤 확신을 주셨음이 분명하다. 그렇다. 우리가 3일, 혹은 일주일, 혹은 40일을 기도했다고 할 때, 숫자를 채우는 것 자체는 중요하지 않다. 하나님의 임재와 응답이 충분히 느껴질 때까지, 확신이 올 때까지 기도하는 것이 중요한 것이다.

에스더는 금식 기간에 베옷을 입고 있었지만, 왕을 만나러 가는 날 아침에는 왕후가 입는 최고의 정장을 입었다. 그날 왕궁 안뜰로 들어섰을 때 에스더는 얼마나 비장했을까. 왕이 앉아 있는 왕좌로 한 걸음 한 걸음 나갈 때는 또 얼마나 떨렸을까.

왕의 호위무사들은 고도로 훈련된 페르시아 최고의 무인들이었다. 감히 왕의 허락도 없이 성큼성큼 왕궁 안뜰로 들어서는 침입자를 죽이기 위해 칼집에 손을 얹었다가, 그 침입자가 다른 누구도 아닌 왕후 에스더인 것을 알고 소스라치게 놀라서 다들 얼어붙었을 것이다. 지난 5년 동안 왕후 에스더의 인품과 지혜를 모르는 신하들은 아무도 없었다. 신앙심이 두터워서 말투와 행동이 경박하지 않았고 늘 따뜻하고 경건했으며, 모든 신하와 시녀들, 병사들에게 친절해서 모두가 존경하고 사랑하는 왕후였다.

그런데 그런 왕후 에스더가 왕의 허락 없이 왕궁 안뜰로 들어선 것이다. 왕의 허락 없이 왕에게 가면 죽는다는 페르시아의 법도를 왕후가 모를 리 없었다. 그런데도 최고의 예복을 입고 단정한 자세로 걸어오는 에스더의 모습에 모든 호위병은 당황해서 어쩔 줄을 몰랐을 것이다. 이미 하나님께 목숨을 맡긴 에스더에게서는 감히 범접할 수 없는 거룩한 아우라가 뿜어져 나왔다. 모두가 왕의 눈치만 보며 감히 칼을 칼집에서 뽑지 못했다.

에스더도 그런 분위기를 감지했지만 이미 각오한 바였기에 상관하지 않았다. 한 걸음 한 걸음 그녀는 기도하며 걸었을 것이다. 저 끝에 앉아 있는 남편 아하수에로 왕이 얼마나 무서운 사람인지, 그녀는 너무도 잘 알고 있었다. 심기에 거슬리면 가장 총애하는 신하도 가차 없이 죽어버리는 잔혹한 권력자였다. 그래서 에스더는 이 길이 자신의 목숨을 걸어야 하는 길인 것도 알고 있었다. 이제 다시는 내일의 태양을 보지 못할 수도 있다고 생각하니, 천애 고아로 이 땅에서 자라며 보냈던 시간이 주마등처럼 그 눈앞을 스쳤을 것이다.

그러나 자신이 이 길을 가지 않으면 수많은 하나님의 백성이 죽어야 함을 알기에 선택의 여지가 없었다. 마치 훗날 예수님이 우리 죄를 대신 지고 골고다 십자가 길을 가신 것과 같다. 걸음을 떼기가 너무

고통스러웠을 것이고, 이 길 끝에 어떤 위험이 기다리고 있는지도 알지만, 자신이 아니면 이 십자가를 질 사람이 없기 때문에 가야 하는 길이었다.

하나님이 왕의 마음을 열어주심

왕후 에스더가 뜰에 선 것을 본즉 매우 사랑스러우므로 손에 잡았던 금 규를 그에게 내미니 에스더가 가까이 가서 금 규 끝을 만진지라
에 5:2

우리는 이 구절을 쉽게 읽어선 안 된다. 이건 기적이다. 왕은 지금 무슨 이유에서인지 한 달 넘게 에스더를 보지 않고 있었다. 나라의 여러 가지 일로 인해 스트레스도 많았다. 안 그래도 신경이 날카로워져 있던 차에, 자신이 부르지도 않은 왕후가 덜컥 나타난 것이다. 정상적인 상황이라면 왕은 짜증과 스트레스가 폭발했을 것이다. 그런데 왕후를 본 순간, 처음 그녀를 만났을 때 느꼈던 아름다움과 감동이 되살아나면서 마음이 너무 환해진 것이다.

그 순간, 자신이 금홀(금 규)을 내밀어주지 않으면 허락 없이 어전으로 나오는 자는 죽는다는 사실이 얼핏 생각나면서 그는 황급히 에스더에게 금홀을 내밀었다. 단언컨대 이는 100퍼센트 성령의 역사였

다. 에스더와 유다인들 모두의 결사적인 금식기도가 쌓인 결과였다. 하나님께서 역사하시면 아무리 강팍한 사람의 마음도 이렇게 눈 녹듯 녹아내릴 수 있다. 절대로 예외가 없던 일, 전례가 없던 일, 복잡한 규정도 한순간에 다 없던 일처럼 될 수 있다.

에스더는 왕이 너무나 반가운 얼굴로 내미는 금홀을 보는 순간, 눈물이 왈칵 솟구쳤을 것이다. 일단은 살았다는 안도의 한숨을 내쉬며 하나님의 은혜에 감사드렸을 것이다. 그러나 하나님은 에스더의 목숨만 살려주신 것이 아니었다. 에스더가 생각지도 못한 파격적인 은혜가 더 있었다.

> 왕이 이르되 왕후 에스더여 그대의 소원이 무엇이며 요구가 무엇이냐 나라의 절반이라도 그대에게 주겠노라 하니 에 5:3

왕은 에스더가 이렇게 목숨을 걸고 자기에게 온 것은 분명히 뭔가 중대한 부탁이 있기 때문임을 알았다. 그럼 보통 그 내용이 무엇인지 알아보고, 들어줄지 말지 결정을 할 텐데, 왕은 대뜸 무엇이든지 들어줄 테니 내용을 말하라고 한다. 백지수표를 줄 테니 액수는 알아서 적으라는 것과 마찬가지였다.

나라의 절반이라도 주겠다는 말은 왕이 이미 에스더가 보통이 아닌 일을 부탁하러 온 것을 알았다는 얘기다. 그 어떤 부탁이 페르시아 제국의 절반보다 더 큰 일이겠는가. 왕의 이 말은 '아무리 큰 부탁이라도 상관없으니 들어줄 것'이라는 뜻이었다. 이 또한 에스더가 상상하지도 못한 하나님의 역사하심이었다. 그 어렵던 길이 이렇게 순식간에 확 열릴 줄은 몰랐다.

이제 에스더의 말 한마디면 페르시아 정국에 새로운 태풍이 일 것이다. 전에 없던 한 민족 대학살의 명령으로 어수선하던 페르시아 제국에 죽음의 먹구름을 몰아내는 생명의 바람이 불 것이다. 이것은 지금까지 어둡기만 하던 위급한 상황의 극적인 반전 포인트다. 이때까지는 모든 상황의 주도권이 악한 하만에게 있는 것 같았는데, 이제는 하나님의 사람인 에스더에게 넘어왔다.

가장 힘 있는 세 가지 기도가 합심기도, 금식기도, 중보기도인데 지난 3일간 에스더는 이 모든 기도를 다 동원했다. 이런 놀라운 기도는 잠시 빼앗겼던 역사의 주도권을 하나님의 사람에게 넘어오게 한다. 겉으로 보면 왕이나 하만이 강력한 힘을 가진 것 같고, 에스더나 모르드개는 아무런 힘도 없는 사람 같다. 그러나 실상은 하나님께서 역사를 움직이는 주도권을, 기도하는 에스더와 모르드개에게 주셨다.

나라의 절반이라도 내어주겠다는 왕의 모습에, 에스더는 하나님의 역사를 확신했다. 왕이 자발적으로 먼저 이렇게 호의적인 태도를 보인 것은 기적이었다. 눈물이 왈칵 솟았다. 에스더는 이제 위기에 처한 유다 민족을 살릴 수 있겠다는 확신을 가졌다. 아마 마음 같아서는 당장이라도 '왕이시여, 죽을 위기에 처한 내 동족 유다인들을 살려주십시오'라고 말하고 싶었을 것이다.

그러나 에스더는 그렇게 경솔하고 조급하게 일을 처리하지 않았다. 성령의 사람은 일이 잘될 때도 영적 정중동을 유지한다. 급할수록 돌아가라는 말처럼, 하나님께서 순풍에 돛 달게 하실 때일수록 침착하게 인내해야 한다. 조용히 기도하며 성령의 음성을 듣고 다음 발자국을 내디뎌야 한다. 에스더도 그렇게 했을 것이다.

에스더의 지혜

에스더는 그 자리에서 용건을 말하는 대신, 한 번의 쉼표를 찍었다.

에스더가 이르되 오늘 내가 왕을 위하여 잔치를 베풀었사오니 왕이 좋게 여기시거든 하만과 함께 오소서 하니 에 5:4

이렇게 딱딱한 어전이 아닌 에스더 자신의 개인 처소에서 왕을 위해 저녁 잔치를 베풀 것이니, 오라는 것이다. 이것은 대단히 지혜로운 일이었다. 신하들도 있는 딱딱한 어전에서 예민한 용건을 말하는 것보다, 자신의 개인 처소에서 맛있는 음식을 먹는 자리를 만들어 부드럽게 말하는 것이 훨씬 좋은 선택이었다. 어떤 말을 하는가 이상으로 중요한 것이 어떤 장소에서 어떤 방법으로 말하는가이다. 예민한 부탁일수록 상대가 피곤하고 신경이 날카로울 때 해서는 안 된다. 아무리 급해도 기다렸다가 상대의 마음이 좋을 때 부드럽게 해야 하는 법이다.

당시 왕을 초대하는 잔치라면 결코 왕을 실망시키지 않을 수준이어야 했다. 그러기 위해선 왕이 가장 좋아하는 음식들을 사전에 파악해서 최고의 요리사들이 준비해야 했다. 음식이나 와인, 인테리어 장식과 음악, 모든 면에서 최고의 수준으로 준비하지 않으면 안 되었다. 이런 수준의 잔치를 반나절 만에 준비할 수는 없었다.

그런데 4절에 보면 에스더는 "오늘 내가 왕을 위하여 잔치를 베풀" 것이라고 한다. 이로 미루어 보건대, 왕을 위한 만찬은 에스더의 3일 금식기도 초반에 성령께서 주신 지혜임이 분명하다. 에스더는 한편으로는 금식하면서 한편으로는 자신의 시녀들과 함께 이 잔치를 철저하게 준비했음이 분명하다. 이는 하나님이 왕으로 하여금 자신을 죽이지 않게 하실 것을 믿는 믿음이 있었기에 가능한 일이었다.

그날 저녁, 왕은 하만을 대동하고 에스더의 잔치에 참석했다. 음식과 분위기 모두 최고였고, 흡족해진 왕은 다시 한번 에스더에게 물었다.

'그대의 소원이 무엇이든지 말하라. 왕국의 반이라도 주겠다.'

그런데 에스더는 또 용건을 말하지 않고 내일도 잔치를 준비할 것이니 한 번 더 와주십사 요청하면서, 그 자리에서 말씀드리겠다고 한다.

만약 이것이 TV 드라마이고 우리가 시청자였다면 이 대목에서 가슴을 치며 이렇게 말했을 것이다.

"아이고 답답해. 세상에, 에스더. 왜 또 뜸을 들이는 거야. 말을 해, 말을. 왕이 이렇게까지 기회를 주는데 왜 속 시원하게 말하지 않는 거야. 악한 하만이 유다 민족을 말살시키려 하니 왕께서 좀 막아 달라, 이렇게 본론을 말하면 되잖아!"

정말 그렇다. 에스더는 왜 결정적인 순간에 이렇게 뜸을 들일까? 그렇게 어렵게 결심하고 많은 사람에게 중보기도 부탁까지 해 놓고, 정작 상이 차려졌는데 왜 망설인 걸까? 여차하다가 기회를 놓쳐서 왕이 마음을 바꾸기라도 하면 어쩌려고 그런 걸까?

여기에는 다 이유가 있었다. 지금 에스더가 풀어야 하는 사태는 보통 예민한 사안이 아니다. 페르시아 제국 내에 있는 수백만 유다인을 한날한시에 몰살시키라는 무시무시한 공권력의 명령은, 페르시아 역사상 지금까지 단 한 번도 없었던 거대한 음모다. 게다가 이 사태는 단순히 왕의 명령으로 이루어진 일이 아닌 권력 2인자 하만 총리대신이 적극적으로 개입한 상황이었으며, 한 번 발표되면 돌이킬 수 없는 왕의 조서가 나간 상태였다. 왕궁 안팎으로 하만에게 충성하는 관리들이 수천, 아니 수만은 될 것이다. 에스더가 잔치를 여는 그 시간에도, 왕의 명령을 알리는 전령들은 전국의 총독들에게 달려가고 있었다. 이렇듯, 문제가 아주 여러 겹으로 꼬여 있었기에 결코 단순하게 해결할 수 없었다.

군대에서 통신병으로 근무했던 분에게 이런 이야기를 들었다. 전기나 통신선을 늘 잘 관리해야 하지만, 어디서인가부터 꼬여 풀어낼 시간이 부족한 경우에는 그 부분을 그대로 두고 작전을 진행한다고 말이다. 원인을 알 수 없기에 잘못 잘랐다가는 더 큰 사고로 이어질 수 있기 때문이라고 한다. 긴급한 작전 중에는 그냥 두었다가 나중에 시간적 여유가 생겼을 때 풀어도 된다. 수도관, 전기선, 통신선은 꼬여 있다고 문제가 되지 않는다. 겉으로 보기는 좀 불편하지만, 그 속에 흐르는 본질이 더 중요하다. 똑같이, 삶의 실타래도 반드시 풀어야만 하는 것이 아니라, 때로는 잠시 그대로 두는 것도 대안이 될 수 있다.

지금 에스더와 유다인들이 처한 상황이 그랬다. 인간적인 방법으로 섣불리 함부로 건드리면 어디서 잘못 폭발할지 모를 일이었다. 이것은 오직 하나님만이 푸실 수 있는 복잡한 실타래다. 에스더가 두 번이나 기회를 미룬 것은 에스더 자신의 우유부단함이 아니다. 기도하는 에스더 안에서 역사하시는 성령님의 코칭이었다. 하나님께서는 에스더가 왕에게 본론을 말하는 것을 두 번씩 늦추게 하시면서, 하나님이 사태를 풀어가실 수 있는 하루의 시간을 벌게 하셨다.

이제 앞으로 남은 24시간 동안, 하나님께서는 아무도 생각지 못한 놀라운 일을 하신다.

왕의 호기심과 의심을 자극하다

먼저 이런 에스더를 바라보는 아하수에로 왕의 마음이 어떠했을지 한번 상상해보자. 당시 왕은 절대권력자였다. 감히 왕에게 기다리라고 하는 사람은 아무도 없었다. 그런 왕에게 용건을 바로 말하지 않고 두 번이나 기다리라고 하면서 시간을 끌다니, 웬만한 사람 같으면 가만두지 않았을 것이다.

그러나 상대는 다른 사람이 아닌 왕이 사랑하는 왕후 에스더였다. 지난 5년 동안 겪어본 왕후 에스더는 외적 아름다움도 아름다움이지만, 그 인품과 지혜가 훌륭하여 왕궁 내의 모든 사람이 존경하는 사람이었다. 왕도 에스더를 대할 때마다 그녀에게서 고귀한 기품을 느꼈다. 그런 사람이 이렇게까지 말을 아끼는 데는 그만한 이유가 있을 것이라고 왕은 생각했다. 이렇게 평소에 신뢰를 얻는 것이 위기의 때에 얼마나 큰 도움이 되는지 모른다.

더군다나 하나님의 역사하심으로 지금 아하수에로 왕은 에스더에게 나라의 절반이라도 주고 싶을 만큼 마음이 활짝 열려 있다. 소원을 말할 테니 하루만 더 기다려달라는 에스더의 말에, 왕은 오히려 분노가 아닌 호기심이 강렬하게 일어났다. 그래서 왕의 입으로 반드시 그녀의 소원을 들어주겠다는 약속을 두 번이나 하게 된다. 두 번째 말할 때는 악한 총리대신 하만도 그 약속을 현장에서 들었다. 당시 절대권력자 왕의 말은 곧 법이었다. 이제 그 누구도 왕후 에스더의 소원에 이의를 제기할 수 없게 된 것이다.

특히, 왕에게 중요한 개인적 소원을 말하겠다는 자리에 있던 많은 신하 중 에스더가 유독 하만만을 거듭 초대한 것도 어떤 한 메시지였다. 5절에서 왕이 "하만을 급히 부르라"라고 한 것을 보면 이런 일은 왕도 예측하지 못한, 전례가 없는 아주 예외적인 일임을 알 수 있다. 에스더가 부르라고 하니까 부르긴 했지만, 그다음부터 왕의 머리는 복잡하게 돌아갔을 것이다. 일단 왕후 에스더와 오랜만에 단둘의 오붓한 시간을 갖고 싶었는데, 에스더가 굳이 하만을 콕 집어서 부르라고 하니까 하만에 대해 불쾌한 생각이 들었을 것이다.

왕은 보통 사람이 아니다. 그는 현숙한 왕후 에스더가 아무 까닭 없이 이러지는 않았을 것이라고 생각했다. 이에 왕은, 왕후가 말하고자 하는 중요한 소원이 왠지 하만과 연관이 있을 것이라는 생각을 어렴풋이 하기 시작했을 것이다. 페르시아 역사가에 의하면 아하수에로 왕은 그 누구도 신임하지 않고, 최측근들도 서로 견제하게 하고 감시하는 사람이었다.

하만은 자신이 왕의 절대적인 신임을 받고 있다고 생각했겠지만, 왕은 정치적으로 필요해서 그를 중용한 것뿐이지, 그를 완전히 신임하는 것은 아니었다. 아마 아하수에로 왕은 왕후 에스더의 심상치 않은 말에, 자체적인 정보 조직을 동원하여 최근 하만의 동향에 대해서 조금이라도 알아보지 않았을까. 그동안 하만이 만난 사람들, 재산 내역, 주도하는 정책 등 상당히 많은 내용이 그다음 날 잔치 전까지 왕의 데스크에 올라갔을 것이다. 이 또한 하나님의 놀라운 섭리의 일부였다.

하만의 착각

무엇보다 에스더가 시간을 늦추며 때를 기다린 가장 중요한 이유는, 유다인 학살 음모의 주모자인 하만을 확실히 잡아 묶을 어떤 계기를 만들기 위해서였다. 하만은 나라에서 왕 다음가는 권력을 가진 총리대신이다. 이방인 아말렉 출신으로 그 자리까지 오른 것을 보면 처세술이나 교활함이 보통이 아니었음을 예상할 수 있다. 아마 왕궁 곳곳에 자기 사람들을 심어 놓았을 것이다. 아무리 에스더가 왕후라고는 하나, 그런 하만을 쉽게 제거할 수는 없었다. 그렇기에 결코 그가 빠져나갈 수 없는 확실한 방법이 필요했다.

금식기도하는 3일 내내, 그리고 왕 앞에 섰을 때까지, 에스더는 계속해서 기도하며 하나님의 뜻을 구했을 것이고, 하나님께서는 에스더에게 지혜를 주셨을 것이다. 그것은 교만하고 잔혹한 하만의 성정을 역이용하는 것이었다. 자기 혼자 귀빈으로 왕과 왕후의 잔치에 두 번 연속 초대되면, 하만은 상황을 분별하지 못하고 더욱 방자해질 것이 분명했다. 그러면 반드시 자기도 모르게 왕의 심기에 거슬리는 어떤 실수를 할 것이고, 이로 인해 하나님께서 어떻게든 역사하실 것을 에스더는 믿었다. 그리고 그녀의 예상은 적중했다.

9절을 보면 그날 잔치에 참석하고 나오는 하만은 "마음이 기뻐 즐거이" 나왔다고 했다. 왕과 왕후의 잔치에 혼자 이틀 연속 초대받은 하만은 기고만장해졌다. 페르시아에서 자기가 제일 출세한 사람 같았다. 집에 돌아온 그는 자기 아내와 최측근 친구들을 다 모아서 이를 신나게 자랑했다.

자기의 큰 영광과 자녀가 많은 것과 왕이 자기를 들어 왕의 모든 지
방관이나 신하들보다 높인 것을 다 말하고 또 하만이 이르되 왕후
에스더가 그 베푼 잔치에 왕과 함께 오기를 허락 받은 자는 나밖에
없었고 내일도 왕과 함께 청함을 받았느니라 에 5:11,12

당시는 높은 자리에 오르는 것과 자녀를 많이 갖는 것을 최고의 성
공으로 여겼다. 하만은 자식도 열 명이나 되었고, 총리대신 자리에까
지 올라서 안 그래도 기고만장해 있었는데, 이제 왕과 왕후의 개인적
인 잔치에 혼자 게스트로 초대도 받으니 눈에 보이는 것이 없었다.
  그러나 이유를 알 수 없는 돌발적인 성공에는 반드시 위험이 있다.
어지간한 사람 같으면 왜 에스더 왕후가 굳이 왕과의 개인적인 잔치
에 총리대신인 자기만 연거푸 2번 초대하였는지에 대한 합리적인 의
심을 했었을 것이다. 앞서 말했듯이, 왕과 왕후만의 오붓한 잔치 자
리에 뜬금없이 신하 한 사람만 초대하는 일은 전에 없던 일이었다.
  평소 고결하고 반듯한 인품의 소유자로 알려져 자기 같은 정치꾼
들은 함부로 가까이 갈 수 없었던 에스더 왕후다. 그런 그녀가 왜 갑
자기 자신에게 이런 호의를 보일까.
  하만은 대궐 안에 많은 정보원을 두었을 것이니, 에스더 왕후의 배
경에 대해 조금만 조사를 해봤더라면 어쩌면 그녀가 유다인이라는

사실, 그리고 모르드개의 사촌동생이라는 사실까지 알아낼 수 있었을지도 모른다. 또, 에스더가 시녀들과 함께 지난 3일간 금식하고 있었다는 사실, 그리고 공교롭게도 수산 성 근처의 수십만에 달하는 유다인들이 같은 시간 3일 동안 금식하며 기도하고 있다는 사실의 어떤 연결점을 느꼈을 것이다.

그런데 하만은 전혀 그런 생각을 하지 못했다. 오로지 자기가 잘나서 왕후가 자신에게 잘 보이기 위해 왕과의 개인 잔치에 특별히 초대하는 줄로만 알았다. 착각도 보통 착각이 아니다. 같은 사건을 겪어도 지혜로운 사람은 영적으로 분별하여 해석한다. 그러나 아둔한 자는 엉뚱하게 해석해서 화를 자초한다. 교활하고 치밀하던 하만이 왜 이렇게 아둔해졌을까? 교만했기 때문이다.

교만하면 망한다

주전 5세기경, 그리스의 패권을 결정하는 전쟁에서 병력이나 경제력이 우세했던 아테네는 교만했다. 결국 그들은 상대국 스파르타를 촌놈이라고 깔보다가, 허를 찔리고 어이없이 패배했다.

교만은 패망의 선봉이요 거만한 마음은 넘어짐의 앞잡이니라 잠 16:18

교만하면 아둔해져서 상황 해석을 자기중심적으로 하다가 무너진다. 성령이 주시는 지혜로, 에스더는 하만의 이런 교만함을 염두에 두고 그가 자기 꾀에 자기가 넘어지도록 유도했을 것이다.

하만의 결정적인 패착은 그것만이 아니었다. 왕의 잔치에 참여하여 우쭐해져서 고개를 치켜들고 나오던 그는 대궐 문지기인 모르드개와 마주쳤다. 모르드개는 이제 절을 안 하는 정도가 아니라 아예 하만을 보고도 없는 사람처럼 몸을 움직이지 않았다.

이미 모르드개가 하만에게 절을 안 한 일로 인해 유다인 전체가 전멸당하게 생긴 상황이었다. 그러나 모르드개는 이렇게 되었다고 해서 비굴하게 하만에게 목숨을 구걸하지 않았다. 어차피 자신과 동족의 생명은 하나님 손에 있음을 믿었다. 3일에 걸친 결사적인 금식기도를 통해서 그의 믿음은 더욱 굳건해졌다. 그래서 그는 자신과 동족을 죽이려는 악한 권력자 하만 앞에 끝까지 무릎 꿇지 않았다. 오히려 하만이 마음이 상했고, 이로 인해 곧 자기 발등을 자기가 찍는 자충수를 두게 된다.

하만은 집에 돌아와 아내와 최측근들에게 자기 자랑을 하는 말미에 모르드개 이야기를 꺼냈다.

그러나 유다 사람 모르드개가 대궐 문에 앉은 것을 보는 동안에는 이 모든 일이 만족하지 아니하도다 하니 에 5:13

참, 얼마나 한심한 일인가. 그토록 왕의 신임을 받는 높은 총리대신 자리에 있으면서도 대궐 문지기 한 사람이 절하지 않는다는 이유로 이 모든 일이 만족스럽지 않다고 하다니 말이다. 교만의 극치는 자신을 반대하는 사람을 견디지 못하는 것이다. 우리가 하나님도 아닌데 어찌 약점이 없고 실수가 없겠는가. 어찌 우리를 반대하고 비판하는 사람이 없겠는가. 그런데 그걸 견디지 못하고 불같이 화를 내면서 그 사람을 죽이려 한다면 영혼이 병든 것이다.

> 그의 아내 세레스와 모든 친구들이 이르되 높이가 오십 규빗 되는 나무를 세우고 내일 왕에게 모르드개를 그 나무에 매달기를 구하고 왕과 함께 즐거이 잔치에 가소서 하니 하만이 그 말을 좋게 여기고 명령하여 나무를 세우니라 에 5:14

여기서 말하는 나무는 그냥 나무가 아니라 당시 페르시아에서 죄인들을 처형할 때 쓰던 십자가 형태의 나무를 뜻한다. 이 나무는 높이가 오십 규빗(약 23미터)이나 되었다. 하만의 아내와 친구들은 하만에게 왕께 주청하여 모르드개를 거기에 매달라고 했다. 그렇게 해서 모든 사람 앞에 수치스러운 죽음을 당하게 하면, 모르드개의 분한 마음이 싹 풀리지 않겠냐는 것이다. 유유상종이라고, 악한 하만 옆에 있는 사람들도 하나같이 하만처럼 야비하고 악한 사람들이었기에 그런 아이디어를 낸 것이다.

하만은 이들의 생각이 너무 마음에 들었다. 대궐 문지기로서 감히 총리대신에게 절하지 않은 모르드개는 수산 성 안의 모든 유다인이 알고 있는 저항의 상징 같은 인물이었다. 그런 모르드개를 이렇게 공개 처형하는 것은 다른 유다인들에게 심리적으로 큰 효과가 있을 것이었다. 앞으로 11개월 뒤에 닥쳐올 재앙이 어떤 것인지를 그들에게 미리 알려주어 공포심을 조장하기에 충분했다.

이런 것을 보면 하만의 수준을 알 수 있다. 왕 다음의 권력자라는 사람이, 처리해야 할 나라의 중대 사안이 얼마나 많은데, 일개 하급 공무원 하나를 죽이기 위해 왕에게 직접 호소하겠다니. 얼마나 한심한지 모른다. 어떻게 자신에게 주어진 권력을 그렇게 사적인 감정풀이 수단으로 쓴단 말인가. 그러나 하만의 이 악한 계략은 생각지도 못한 하나님의 개입으로 인해 하룻밤 만에 전혀 엉뚱한 방향으로 뒤집어지고 만다.

악인이 죄악을 낳음이여 재앙을 배어 거짓을 낳았도다 그가 웅덩이를 파 만듦이여 제가 만든 함정에 빠졌도다 그의 재앙은 자기 머리로 돌아가고 그의 포악은 자기 정수리에 내리리로다 시 7:14-16

인내로 하나님의 역사를 기다리라

지금까지의 내용을 통해 우리는 에스더가 용기와 지혜를 겸비한 사람임을 확인할 수 있다. 하나님이 자신을 무대에 세우시는 순간이 왔을 때, 그것이 자기 목숨을 걸어야 하는 일이었음에도 그녀는 결단하고 망설이지 않았다.

하지만 그녀의 용기는 결코 무모하지는 않았다. 우리는 하나님의 뜻이 분명한 어떤 일을 추진할 때도 지혜로워야 한다. 아무리 목표가 좋아도, 조급하거나 방법이 서투르면 일을 망치게 된다. 무슨 일이든지 서둘러서 추진하기보다, 매 순간 기도하며 하나님의 인도하심을 기다릴 줄 알아야 한다. 무슨 일에든지 조급한 자는 실패를 자초하게 된다(잠 21:5). 하지만 하나님의 지혜로 때를 기다릴 줄 아는, 인내를 가진 자는 소원을 이룰 것이다.

하물며 이것은 수백만 동포들의 생명이 걸린 중대한 일이었다. 에스더는 결코 서두르지 않고, 잠잠히 하나님의 때를 분별하며 한 걸음씩 전진했다. 그리고 에스더가 하루를 더 기다리는 사이에 너무나 놀라운, 에스더 자신도 예측하지 못한 하나님의 섭리가 일어나게 되었다. 방금 다루었던, 퇴궐하던 하만이 모르드개를 만나서 분노하게 된 사건도 그중에 하나였다. 그 일이 왜 이 사태를 반전시키는 중요한 퍼즐 조각의 하나가 되는지, 우리는 다음 장에서 자세히 다루게 될 것이다.

중요한 것은, 하나님께서는 전혀 상관 없는 우연 같은 사건들을 하나씩 연결하셔서 놀라운 반전 드라마를 준비하고 계셨다는 사실이다. 하나님은 에스더에게도 모든 것을 한꺼번에 보여주시지 않았다. 에스더는 앞으로 하루 동안 하나님이 정확히 무엇을 하실지 알지 못했다. 다만 성령의 감동에 순종하여 한 걸음씩 나갔을 뿐이다.

하나님은 하나님의 자녀인 우리에게도 모든 것을 한꺼번에 알려주시지는 않는다. 하나님은 우리가 감당할 수 있을 만큼 한 번에 한 걸음씩 보여주시며 나아가게 하신다. 우리는 모든 것을 알기 때문에 순종하는 게 아니다. 주신 말씀대로 한 걸음씩 순종하며 나아갈 때, 우리가 생각지도 못한 문이 열린다. 그렇게 조금씩 가다 보면 어느 순간 목적지에 도달하게 될 것이다.

그래서 믿음의 여정은 항상 흥분되고 기대된다. 우리는 미래를 모른다 하여 불안해하지 않아도 된다. 우리가 주님과 동행하며 하루하루를 사는 한, 주님의 말씀에 순종하며 항상 기도로 모든 발자국을 옮기는 한, 우리 주님께서는 우리를 반드시 최고의 길로 인도하실 것이다. 보이지 않는 곳에서 우리 주님은 우리를 위해 일하신다.

에스더 2:21-23

21 모르드개가 대궐 문에 앉았을 때에 문을 지키던 왕의 내시 빅단과 데레스 두 사람이 원한을 품고 아하수에로 왕을 암살하려는 음모를 꾸미는 것을 22 모르드개가 알고 왕후 에스더에게 알리니 에스더가 모르드개의 이름으로 왕에게 아뢴지라 23 조사하여 실증을 얻었으므로 두 사람을 나무에 달고 그 일을 왕 앞에서 궁중 일기에 기록하니라

에스더 6:1-14

1 그날 밤에 왕이 잠이 오지 아니하므로 명령하여 역대 일기를 가져다가 자기 앞에서 읽히더니 2 그 속에 기록하기를 문을 지키던 왕의 두 내시 빅다나와 데레스가 아하수에로 왕을 암살하려는 음모를 모르드개가 고발하였다 하였는지라 3 왕이 이르되 이 일에 대하여 무슨 존귀와 관작을 모르드개에게 베풀었느냐 하니 측근 신하들이 대답하되 아무것도 베풀지 아니하였나이다 하니라 ⋯ 13 자기가 당한 모든 일을 그의 아내 세레스와 모든 친구에게 말하매 그 중 지혜로운 자와 그의 아내 세레스가 이르되 모르드개가 과연 유다 사람의 후손이면 당신이 그 앞에서 굴욕을 당하기 시작하였으니 능히 그를 이기지 못하고 분명히 그 앞에 엎드러지리이다 14 아직 말이 그치지 아니하여서 왕의 내시들이 이르러 하만을 데리고 에스더가 베푼 잔치에 빨리 나아가니라

chapter **6**

운명의 24시간

"재능 있는 사람도 노력하는 사람은 못 이기고, 노력하는 사람도 운 좋은 사람은 못 이긴다"라는 말이 있다. 하나님을 안 믿는 사람들은 '참 억세게 재수 좋다, 운 좋다, 행운아다'라는 말들을 자주 쓴다. 그러나 하나님의 사람은 운도 재수도 우연도 아닌, 하나님의 섭리(Providence)를 믿는다. 하나님의 섭리는 하나님의 주권(Sovereignty)과 관련이 있다. 하나님의 주권은 세상에서 일어나는 모든 일이 하나님의 통치 아래 있으며, 역사는 결국 하나님의 뜻대로 흐르게 됨을 뜻한다. 그리고 하나님의 주권이 이뤄지는 과정을 우리는 하나님의 섭리라고 한다.

우리가 아무리 계획하고 노력한다 해도 하나님의 섭리가 어떻게 역사하는가에 따라서 운명이 바뀐다. 언제, 어디서, 누구와, 어떻게 만나는가에 따라 인생이 비상할 수도 있고 추락할 수도 있다. 과거에 대수롭지 않게 일어났던 사건 하나가 오늘의 난제를 푸는 축복이 되기도 하고, 족쇄가 되기도 한다. 우리의 계획과 노력도 있지만, 우리가 전혀 예측하지 못했던 우연 같은 상황들이 다 연결되는 것이 바로 하나님의 섭리다. 하나님의 이름이 직접적으로는 한 번도 언급되지 않는 에스더서지만, 하나님의 섭리가 무엇인지 에스더서만큼 확실히 보여주는 책도 드물다.

이번 장에서 다룰 이야기는 하나님의 섭리가 얼마나 놀라운지를 드라마틱하게 보여주는 부분이자 에스더서 전체의 터닝포인트가 되는 중요한 부분이다. 앞에서 우리는 에스더가 "나라의 절반이라도 그대에게 주겠노라"라는 왕의 호의를 두 번이나 사양하면서 다음 기회로 미루는 것을 보았다. 이때, 에스더가 왕과 총리대신 하만이 있는 잔치 자리에서 그렇게 했다는 사실이 중요하다. 그리고 에스더는 내일 다시 한번 잔치를 열 것이니, 그때도 왕께서 하만과 함께 와주십사 청한다.

이번 장에서는 첫 번째 잔치가 파하고 그다음 날 저녁 두 번째 잔치가 열리기까지 단 하루 동안에 일어난 상황을 다루고 있다. 그런데, 그 단 하루 동안에 세상이 뒤집힐 엄청난 역사가 일어난다. 이제부터 2천 5백 년 전, 페르시아 왕궁으로 시간 여행을 해보자.

아하수에로 왕의 잠 못 이루는 밤

그날 밤에 왕이 잠이 오지 아니하므로 명령하여 역대 일기를 가져다가 자기 앞에서 읽히더니 그 속에 기록하기를 문을 지키던 왕의 두 내시 빅다나와 데레스가 아하수에로 왕을 암살하려는 음모를 모르드개가 고발하였다 하였는지라 에 6:1,2

여기서 '왕이 잠이 오지 아니하던 날 밤'은, 왕이 에스더가 초대한 첫 번째 잔치에 다녀온 직후를 말한다. 즐거운 시간을 보내고 왔으면 잠이 잘 와야 하는데, 왜 아하수에로 왕은 그날따라 밤에 잠을 이루지 못 했을까?

그 당시 폭군들은 워낙 원수가 많았기 때문에 늘 불안해하긴 했다. 또 그는 큰 제국의 왕이었기에 여러 가지 복잡한 국내외 정치 상황으로 인해 신경이 날카로워져서 불면증에 시달리는 경우가 잦았다고 한다.

하지만 무엇보다 그날 밤 왕이 잠을 이루지 못한 이유는 따로 있었다. 그는 에스더가 두 번씩이나 뜸을 들이면서까지 자기에게 주청하고자 하는 소원이 무엇인지 너무 궁금했다. 또, 왜 부부간의 개인적인 잔치에 하만을 초대하면서 굳이 두 번 연속 같이 초대하라고 하는지 의문이기도 했다. 푸치니의 오페라 투란도트 중에 '공주는 잠 못 이루고'(Nessun Dorma)라는 노래가 있는데, 아하수에로 왕의 경우는 공주가 아니라 '왕은 잠 못 이루고'였다.

이런저런 이유로 뒤척이며 잠이 안 오니까, 왕은 당직 사관을 불러서 역대 일기를 가져와 읽으라고 했다. 그건 페르시아 왕실에서 일어난 모든 일을 빠짐없이 기록한 역사 기록이었는데, 왕은 그것이 낭송되는 것을 들으면 지루해서 잠을 잘 수 있을 것이라고 생각했던 것 같다.

어쨌든, 한밤중에 호출되어 온 페르시아의 당직 사관은 졸린 눈을 비비며 역사일지 두루마리를 아무 데나 펼쳐 들고 읽기 시작했다. 어차피 왕의 수면제용으로 읽는 것이니, 아무 데나 읽어도 상관없었기 때문이다. 그런데, 그 '아무 데나'가 정말 우연이라고 하기에는 너무나 기가 막힌 내용이었다. 바로, 과거에 왕의 최측근 내시 두 사람이 공모하여 왕을 암살하려던 계획을 모르드개의 기민한 신고로 사전에 제압한 사건이었다.

5년 전 하나님의 섭리 안에 있었던 사건

이 사건에 대해서 좀 더 자세히 알기 위해 에스더서 2장을 살펴보자.

모르드개가 대궐 문에 앉았을 때에 문을 지키던 왕의 내시 빅단과 데레스 두 사람이 원한을 품고 아하수에로 왕을 암살하려는 음모를 꾸미는 것을 모르드개가 알고 왕후 에스더에게 알리니 에스더가 모

르드개의 이름으로 왕에게 아뢴지라 조사하여 실증을 얻었으므로
두 사람을 나무에 달고 그 일을 왕 앞에서 궁중 일기에 기록하니라

에 2:21-23

이 사건은 에스더가 페르시아의 왕후 자리에 오른 지 얼마 되지 않
았던 때, 그러니까 지금으로부터 5년 전 얘기다. 본문을 보면 "모르
드개가 대궐 문에 앉았을 때"라고 했는데, 당시 페르시아 왕궁의 대
궐 문은 단순히 출입문일 뿐 아니라, 백성들과 관리들이 만나며 정사
를 돌보는 곳이었다. 거기에 앉았다는 말은 집무 중이라는 뜻이다.
따라서 이 말은 모르드개가 단순한 문지기가 아니라 어느 정도 지위
에 있는 공무원이었음을 암시한다. 적어도 왕궁 한쪽 성문의 책임자
정도는 되었을 것이다.

한편, 암살 음모를 꾸민 왕의 두 내시가 "문을 지키던 왕의 내시"
라고 할 때의 '문'은 대궐 문이라기보다는 왕의 침소로 들어가는 은
밀한 문을 뜻한다. 이 은밀한 문을 지키는 책임자들이라는 것으로
미루어 봐서, 이 내시들은 왕에게 신임을 받던 최측근들이었을 것이
다. 그런 자들이 왕을 암살하려는 계획을 꾸몄으니, 만약 모르드개
가 우연히 이들의 음모를 사전에 엿듣지 못 했다면 왕은 십중팔구 죽
은 목숨이었다.

암살 음모를 파악한 모르드개는 즉시 이 사실을 왕후 에스더에게
알렸고, 에스더는 모르드개의 이름으로 즉시 왕에게 이 사실을 알렸

다. 모르드개가 공식적인 절차가 아닌, 에스더를 통해 이 사실을 왕에게 알린 것은 두 가지 이유에서였을 것이다.

첫째로, 최측근 내시들이 암살을 주도했으니, 왕궁 내의 어느 선까지 암살자들의 배후 세력이 뻗쳐 있을지 가늠할 수 없었기 때문이었다. 그래서 유일하게 믿을 수 있는 에스더를 통한 것이었다.

둘째로, 왕궁 내에서 이제 막 왕후 자리에 오른 에스더의 위상을 강화시키기 위함이었다. 에스더 또한 왕에게 이 일을 알릴 때, 모르드개의 이름으로 알렸다. 모르드개가 에스더를 위했던 것처럼, 에스더 또한 왕에게 모르드개의 존재를 귀하게 각인시키고 싶었던 것이다. 그리고 에스더와 모르드개 두 사람의 이런 결정은 5년 후 하나님의 놀라운 기적의 재료가 된다.

암살 음모에 관한 보고를 받았지만, 왕은 음모자들을 즉결처분하지 않았다. 워낙 최측근이었기 때문에 처음엔 믿을 수가 없었고, 또 배후가 어디까지 뻗쳐 있는지 알기 위해서였을 것이다. 왕은, 먼저 철저한 사건 조사를 통해 혐의를 확증했다. 그 후 다른 배후가 없음을 확인한 뒤, 두 내시를 처형했다.

나무에 다는 것은 당시 페르시아가 대역죄인을 처형할 때 쓰던 방법으로, 높이 10~20미터 이상의 나무 위에 죄인을 못 박아서 고통스럽게 죽이는 형벌이었다. 이 사건은 당시 페르시아 역사 실록에 정확하게 기록되었다.

하나님은 실수가 없으시다

하지만 이상한 점은, 큰 공을 세운 모르드개에게 특별한 상이 주어지지 않았다는 점이다. 다른 일도 아니고 왕의 목숨을 구한, 큰 공을 세운 일이었다. 그런데 왜 왕은 모르드개에게 큰 상을 내리지 않았을까?

정확한 이유는 알 수 없다. 당시 왕이 암살 음모 자체에 매우 분노하여 배신감을 느껴서 주도자들을 극형에 처하는 데 너무 정신이 쏠린 탓일까. 아니면 별 배경 없는 유다인 모르드개가 크게 승진하는 것을 시기하여 다른 신하들이 농간을 부린 탓이었을까.

그보다 더 신빙성 있는 추리는 이렇다. 당시는 그리스 전쟁 패배후 얼마 되지 않은 때였고, 에스더가 새 왕후로 즉위한 지도 얼마 안되던 때였다. 이래저래 나라가 뒤숭숭한 상태에서 그나마 왕후 즉위로 인해 분위기가 안정되어가는데, 왕의 최측근 신하들이 연루된 암살 사건이 크게 알려지면 민심이 흔들릴 것이 분명했다. 그랬기에 왕은, 우선 일을 키우지 않고 조용히 덮고 지나가고 싶었는지도 모른다. 그리고 시간이 좀 지난 뒤에 모르드개에 대한 논공행상을 챙겨주려고 했는데, 그사이 나라 안팎으로 다른 큰일들이 터져 왕이 깜빡잊고 넘어갔을 수도 있다.

아무튼, 그렇게 모르드개는 큰 공을 세우고도 아무 상을 받지 못했다. 그때 당시는 억울하고 섭섭하기도 했을 것이다. 우리도 선한일을 하고 나서 당장 포상을 받지 못하면 억울하고 섭섭하다. 그러나 하나님께서 이 사건을 당시에 조용히 지나가게 하신 것은, 5년 뒤 미래에 이 일을 더 놀랍게 사용하시기 위함이었다. 만약 이때 모르드개가 바로 상을 받았더라면, 아무리 좋은 상을 받는다고 해도 높은 벼슬자리나 금은보화 정도였을 것이다. 그러나 그렇게 끝났다면, 이 사건은 훗날 수백만 유다 백성을 살리는 놀라운 구원 드라마의 재료로 쓰임 받지는 못했을 것이다.

하나님은 실수가 없으시다. 하나님의 사람은 작은 것을 탐하다가 큰 것을 잃어버리지 않아야 한다. 하나님은 최고의 반전 드라마를 위해 오늘 우리가 누릴 수 있는 상을 잠시 보류하기도 하신다. 하나님은 빠르지도 느리지도 않게 정확한 타이밍에 역사하신다. 그래서 시간이 지나보면 하나님이 항상 옳으시다. 그러니 우리는 꼭 필요한 때, 곧 하나님의 때에 거두게 하시는 주님의 은총에 감사해야 한다.

우리의 선한 삶과 섬김이 당장에 인정을 받지 못하거나 보상받지 못한다고 할지라도 낙심해선 안 된다. 오히려 악인들이 득세할지라도 실망해선 안 된다. 하나님께서는 반드시 하나님의 사람의 믿음과 삶을 기억하시고, 하나님의 때에 하나님의 방법으로 갚아주실 것이기 때문이다.

다시 현재로 돌아와보자. 잠을 청하기 위해 역사일지를 읽어달라고 했던 왕은 오히려 잠이 확 깨서 화들짝 놀라며 침대에서 일어났다. 불과 5년 전 일이었기에 그날에 대한 생생한 기억이 되살아났을 것이다. 어쩌면, 왕후 에스더가 그때 모르드개의 신고를 전한 것도 기억했을 것이다.

이 일에 대하여 무슨 존귀와 관작을 모르드개에게 베풀었느냐 에 6:3

아마 왕은 놀람과 탄식에 가까운 어투로 말했을 것이다. 당시 대제국 페르시아는 역모 사건과 왕에 대한 암살 시도 사건이 빈번했다. 그래서 이를 사전에 막아낸 공로자에게는 최고의 명예를 안겨주는 법안이 마련되어 있었다. 그래야 다른 사람들에게 동기 부여가 되지 않겠는가.

그럼에도 불구하고 모르드개에게 당시 일말의 치하도 하지 않은 것은 분명히 지도자로서 왕의 큰 실수였다. 왕 자신도 '그때 왜 그랬지' 하는 마음으로 스스로를 탓하고 있다. 왕이 상벌을 어떻게 내리느냐를 모든 신하들은 항상 지켜보고 있다. 최측근 신하들의 암살 음모를 적발한 큰 공로를 왕이 아무 치하도 없이 넘어갔다면, 앞으로 누가 왕을 위해서 목숨 바쳐 충성할 것인가. 왕은 자신이 정말 큰 실수를 했다는 것을 뒤늦게야 깨달았다.

왕과 하만이 서로 다른 생각으로 만나다

왕이 이르되 누가 뜰에 있느냐 하매 마침 하만이 자기가 세운 나무

에 모르드개 달기를 왕께 구하고자 하여 왕궁 바깥뜰에 이른지라

에 6:4

이 상황이 얼마나 놀라운 하나님의 역사인지를 생각해보라. 왕이 밤중에 모르드개에 관한 일을 듣고 놀라던 상황이었으니, 이때는 막 동이 터오던 새벽 무렵이었을 것이다. 이 시간은 그 어떤 신하도 정상적으로 출근하는 시간이 아니었다.

그런데 총리대신 하만이 출근한 것이다. 하만은 그렇게 부지런한 사람이 아닌데 무슨 일일까. 물론, 이는 하만이 자기에게 예를 표하지 않는 모르드개를 처형하게 해달라고 왕에게 주청하기 위해서였다 (모르드개가 평범한 민간인이 아닌 대궐을 지키는 중견 문지기 국가공무원이기 때문에 왕의 허락 없이 함부로 죽여버릴 수는 없었다).

화급을 다투는 급한 일도 아닌데 새벽같이 달려온 것으로 봐선, 하만은 어제 잔치에서 돌아온 직후, 아내와 측근들과 함께 모르드개를 죽여야 한다는 대화를 나눈 후, 밤새 모르드개 처형을 왕에게 어떻게 주청할까 생각한 것 같다. 우리가 하나님의 일에 열심인 것처럼, 마귀도 우리를 공격하기 위해 열심이다. 하나님은 우리를 살리기 위해 쉬지 않고 일하시고, 마귀는 우리를 죽이기 위해 쉬지 않고 일한다.

왕은 그날 밤 모르드개의 숨은 공로를 알게 되어 어떻게 모르드개에게 포상할까를 생각했다. 그런데 같은 밤, 하만은 분한 마음으로

어떻게 하면 모르드개를 죽일까 생각한 것이다. 왕과 하만, 두 사람이 같은 밤에 같은 사람을 놓고 전혀 다른 고민을 했다는 것이 참 흥미롭지 않은가.

그런데 모르드개를 죽이려고 새벽같이 출근한 것이 하만의 화(禍)가 되었다. 왕은 모르드개의 일을 지시하려고 "누가 뜰에 있느냐"라고 물었다.

하만을 불러 이 일을 지시하려고 한 게 아니었다. 그저 새벽에 가장 먼저 눈에 띄는 신하를 아무나 붙잡고 그 일을 지시하려 한 것인데, 하만이 걸린 것뿐이다.

하만의 무지와 착각

하만의 무지는 여기서 끝나지 않는다.

하만이 들어오거늘 왕이 묻되 왕이 존귀하게 하기를 원하는 사람에게 어떻게 하여야 하겠느냐 하만이 심중에 이르되 왕이 존귀하게 하기를 원하시는 자는 나 외에 누구리요 하고 에 6:6

사실 제대로 된 상황이라면 왕은 하만에게 무슨 급한 일이 있어 이렇게 새벽같이 출근했는지를 물었어야 했다. 그러나 지금 왕의 머리는 온통 모르드개 포상 건으로 가득 차 있었기에 그런 걸 물어볼 여유가 없었다. 왕은 다짜고짜 하만에게 모르드개 포상 문제에 대해 자문한다.

그런데 그 물어보는 방법을 보면 페르시아 왕도 보통 사람이 아니다.

'하만, 잘 왔네. 자네 대궐 문지기 모르드개라고 아는가? 내가 밤에 잠을 못 이루고 역사서를 읽다가 우연히 기억났네. 5년 전, 내 최측근들이 나를 죽이려던 암살 음모를 막아준 사람이 모르드개라네. 그때 내가 그의 공로를 포상하는 것을 깜빡 잊었지 뭔가. 이제라도 내가 그를 존귀하게 해주고 상을 주기 원하는데 어떻게 하는 게 좋겠나?'

제대로 한다면 이렇게 물어야 했다. 그런데 왕은 그런 구체적인 정보를 다 숨기고 그저 왕이 존귀하게 하기를 원하는 사람에게 어떻게 해야 하겠느냐고 하만에게 질문한다.

왕은 구체적인 포상 방법에 대한 자문만을 구한 게 아니다. 왕은 이 질문으로 하만을 시험한 것이다. 당연하지 않겠는가? 어젯밤 잔치에 왕후 에스더가 굳이 자신과 하만을 함께 초대했을 때부터, 그리고 내일 있을 두 번째 잔치에도 또 하만을 같이 초대했을 때부터 왕은 뭔가 이상하다고 생각했다.

'왜 경건하고 품위 있는 왕후가 하만같이 교활한 정치꾼을 굳이 초대하는 것일까?'

그렇게 의심하고 있던 차에, 새벽같이 출근하는 하만과 마주친 것이다. 총리대신이 이렇게 새벽같이 출근하는 것도 이상했다. 무슨 일이 있을 거라고 생각하면서도 일단 왕의 머리는 모르드개 문제로 가득 차 있었기에 그 얘기부터 꺼냈다. 그러면서 하만의 본심을 시험하려 한 것이다.

그런데 교만과 증오에 사로잡힌 하만은 어리석게도 왕의 속내를 알지 못했다. 그저 왕의 말을 들으면서 '왕이 존귀하게 하기를 원하시는 사람이 나밖에 더 있겠는가'라고만 생각했다. 하만은 왜 이런 황당한 착각을 했을까? 그도 그럴 만한 것이, 그는 지금까지 거침없이 성공 가도를 달려왔기 때문이다. 유다인 학살이라는 엄청난 일에 왕을 설득하는 것도 성공했고, 왕후와 왕의 개인적인 잔치에도 자기만 계속 초대받고 있었다.

우리의 인생이 계속 성공하고 있을 때일수록 우리는 조심하고 겸손해야 한다. 안 그러면 교만해져서 영적 분별력이 마비되고, 자기가 세상의 중심이라고 착각할 수 있다. 그리고 설령 존귀하게 높임 받을 자가 자기인 것 같다는 느낌이 들었어도, 그럴수록 한 발 뒤로 물러서서 겸손해야 한다. 하만 또한 그랬어야 했다. 칭찬으로 사람을 시험한다는 말이 있듯이, 아하수에로 왕은 그 어떤 측근도 100퍼센트 신뢰하지 않는 의심 많고 잔혹한 권력자였기 때문이다.

만약에 하만이 지혜로운 사람이었다면 이때 이렇게 대답했을 것이다.

'왕이시여, 왕이 존귀하게 여기시는 사람이 어떤 공을 세웠다 한들, 그는 왕의 신하에 불과하옵니다. 그저 불러 치하하시는 것으로 족할

것입니다. 그는 왕의 칭찬과 인정을 받는 것만으로도 가문의 영광으로 생각할 것입니다.'

그런데 교만에 눈이 어두워진 하만은 어리석게도 그렇게 대답하지 못했다.

어리석은 하만은 의심 많은 권력자 앞에서 자신이 상상할 수 있는 최고의 의전을 왕이 높이고자 하는 사람에게 내리시라고 했다.

왕께서 입으시는 왕복과 왕께서 타시는 말과 머리에 쓰시는 왕관을 가져다가 그 왕복과 말을 왕의 신하 중 가장 존귀한 자의 손에 맡겨서 왕이 존귀하게 하시기를 원하시는 사람에게 옷을 입히고 말을 태워서 성 중 거리로 다니며 그 앞에서 반포하여 이르기를 왕이 존귀하게 하기를 원하시는 사람에게는 이같이 할 것이라 하게 하소서 에 6:8,9

하만은 말끝마다 '왕이, 왕이'란 말을 반복한다. 왕이 모르드개를 어떻게 보상할 것인지에 대해 하만에게 조언을 구했을 때, 하만은 자기도 모르게 그동안 숨겨왔던 욕망을 드러냈다. 그는 대중 앞에서 왕같이 대접받고 싶었던 것이다.

만약 우리가 페르시아 왕이었다면 이 말을 들으면서 하만에 대해 어떤 생각을 했겠는가?

'이놈 봐라. 말끝마다 왕이 입는, 왕이 타는, 왕이 누리는 것들을 언급하네? 이거였어? 평소에 네가 왕의 자리를 탐내고 있었어?'

이런 불쾌함을 느끼지 않았겠는가. 그러나 자아도취에 빠진 하만은 자신의 어리석음을 미처 느끼지 못하고 있었다.

하만 몰락의 전주곡

어리석은 하만은 자기의 말을 다 듣고 난 왕이 미소를 지었을 때, 그 의미를 제대로 깨닫지 못했다. 그리고 왕의 입에서 나온 다음 말에 하만은 몽둥이로 뒤통수를 얻어맞는 것 같은 충격을 받았다.

이에 왕이 하만에게 이르되 너는 네 말대로 속히 왕복과 말을 가져다가 대궐 문에 앉은 유다 사람 모르드개에게 행하되 무릇 네가 말한 것에서 조금도 빠짐이 없이 하라 에 6:10

자기는 모르드개를 처형해달라고 주청드리러 왔는데, 왕은 모르드개를 이제 자기보다 높은 위치로 올려서 명예롭게 하라고 한다. 심지어 총리대신인 자기가 즉각적으로 하루 종일 모르드개의 말을 끄는 시종 노릇을 하게 되었다.

그가 저주하기를 좋아하더니 그것이 자기에게 임하고 축복하기를 기뻐하지 아니하더니 복이 그를 멀리 떠났으며 시 109:17

이 말씀이 하만에게 그대로 임했다. 하만은 지금 자신이 한 말에 자신이 묶여버렸다. 남을 저주하고 자신을 높이려 했던 하만은, 오히려 모르드개를 높이고 자신이 추락하는 존재로 전락했다. 단 한 순간에 하나님께서는 하만과 모르드개의 위치를 역전시키셨다.

지금까지 빈틈없는 정치적 수단으로 왕의 마음을 사로잡아 유다인 학살의 무서운 음모를 거침없이 밀어붙여 온 하만이 이제는 너무나 어처구니없을 정도로 무지한 실수를 반복한다.

그는 왕이 축복하려는 사람이 모르드개인 줄도 모르고 모르드개를 모함하여 죽이려고 일찍 출근했다. 왕이 높이려는 사람이 하만 자신인 줄 알고 왕이 누리는 의전을 내리시라고 했다가, 졸지에 모르드개의 말 시종이 되어 하루 종일 도시 전역의 사람들 앞에서 모르드개의 말고삐를 잡고 행진하는 수치를 당하게 되었다. 모르드개를 향한 왕의 마음을 몰랐으니 그런 어리석은 실수를 했지, 만약 알았다면 아마 다른 작전을 수립했을 것이다.

마귀의 한계

여기서 우리는 놀라운 영적 사실을 발견할 수 있다. 에스더와 모르드개의 뒤에 하나님이 코치로 계신 것처럼, 하만의 뒤에는 마귀가 있다. 즉, 하만의 어리석음 뒤에는 마귀의 한계가 있다. 하만이 몰랐다는 것은 마귀가 몰랐다는 말이다. 마귀가 알았다면 하만에게 안 가르쳐주었을 리가 없지 않은가.

애초에 유다 민족 전부를 몰살시키겠다는 거대하고 끔찍한 아이디어 자체가 마귀 아니면 낼 수 없는 악한 생각이었다. 하만이 죽으면 그 음모가 다 무산되는데 설마 마귀가 알고도 당했겠는가. 마귀도 몰랐다가 허를 찔린 것이다.

마귀는 전날 밤 하나님께서 왕을 잠 못 이루게 하시고 5년 전 사건을 기억나게 하셔서 모르드개에게 상 주려고 하신 것을 몰랐던 것이다.

마귀는 어떤 인간보다 교활하고 영적 세계의 움직임에 민감하지만, 하나님과 달리 전지한 존재가 아니다. 뭔가 하나님의 역사가 하나님의 사람을 통하여 일어날 것이라는 영적인 감은 있지만, 구체적인 작전 계획은 마귀가 알 도리가 없다. 하나님께서 움직이시면서 비밀의 커튼을 치시면 마귀는 결코 알 수가 없다.

사람의 일을 사람의 속에 있는 영 외에 누가 알리요 이와 같이 하나님의 일도 하나님의 영 외에는 아무도 알지 못하느니라 우리가 세상의 영을 받지 아니하고 오직 하나님으로부터 온 영을 받았으니 이는 우리로 하여금 하나님께서 우리에게 은혜로 주신 것들을 알게 하려 하심이라 고전 2:11,12

우리는 마귀를 얕잡아봐서도 안 되지만, 과대평가할 필요도 없다.

마귀가 세상을 장악하고 있지만, 마귀는 역사의 주관자이신 하나님의 속내를 다 알 수가 없고, 성령의 역사를 알 수가 없다. 그러므로 우리가 온전히 하나님을 의지하며 행한다면 마귀의 허를 찌를 수 있다.

만약 우리가 하나님의 사람이라 하면서도 계속 죄의 습관에 빠져 있거나 세상적인 가치관을 가진 사람들하고만 교제하고 세상적 지식과 쾌락에만 빠져 있다면, 우리는 마귀에게 훤히 읽힐 것이다. 그러나 우리가 예수님의 보혈의 임재 안에 잠겨 하나님 앞에 예배자로 엎드려 있다면, 또, 금식과 방언으로 기도하고 있다면, 순식간에 영적 보호막이 생겨 마귀는 결코 우리와 하나님 사이의 대화를 알 수가 없다. 그래서 우리는 항상 성령 안에 거해야 하는 것이다.

하만에게 패망이 신속히 임하다

하만은 즉시 대궐을 나가서, 모르드개가 탄 말을 끌고 수산 성 곳곳을 행진하며 '물렀거라. 왕이 존귀히 높이시는 모르드개 공이시오'를 외쳤다. 수산 성은 페르시아의 3대 도시 중 하나답게 매우 큰 성이다. 우리로 치면 서초구, 강남구, 동작구 일대의 모든 거리를 하루 종일 다녀야 하는 힘든 일이다.

무엇보다 지켜보는 수많은 사람들 앞에서 모르드개의 말 시종 노릇을 해야 하니, 총리대신 체면에 죽고 싶도록 부끄러웠을 것이다. 새벽같이 왕궁으로 출근했던 하만은 본의 아니게 해가 질 무렵, 완전히 기진맥진해서 퇴근했을 것이다.

그는 집에서 자기를 기다리던 아내와 친구들에게 오늘 겪은 치욕스러운 일을 다 말했다. 아마 가족과 친구들로부터 위로를 받기 원했을 것이다. 그런데 사태는 하만이 전혀 생각지도 못했던 방향으로 흘렀다.

자기가 당한 모든 일을 그의 아내 세레스와 모든 친구에게 말하매 그 중 지혜로운 자와 그의 아내 세레스가 이르되 모르드개가 과연 유다 사람의 후손이면 당신이 그 앞에서 굴욕을 당하기 시작하였으니 능히 그를 이기지 못하고 분명히 그 앞에 엎드러지리이다 에 6:13

여기서 '지혜로운 자'는 전에 하만을 도와 유다인 멸망의 날을 제비 뽑았던 술사들을 가리킨다. 하만의 아내 세레스와 그 술사들이 하만의 말을 듣고 놀라서 뜻밖의 충격적인 말을 한다. 그들은 유다인과 아말렉 간의 적대 관계에 대해서 잘 알고 있었다. 그래서 하만이 유다인들을 몰살시키려 하는 것인데, 그들은 하만에게 이렇게 말한다.

'왕이 모르드개에게 국가 최고의 명예를 그렇게 공식적으로 내리셨단 말입니까? 이제 상황이 완전히 반전되었습니다. 아말렉의 왕손인 하만을 유다인인 모르드개가 그대로 놔둘리 만무합니다. 당신은 이제 죽은 목숨입니다.'

그래도 집에 와서 가족과 측근들로부터 작은 위로라도 받기를 원했던 하만은 순간 기가 막혔을 것이다. 하나님이 승리하실 때는 원수의 입을 통해서도 하나님의 승리를 선포하게 하신다. 원수들끼리도 서로 분열하고 절망하게 하신다. 지금 하만의 식구들과 측근들이 바로 그렇다.

그들은 하만의 계획이 무너지고 상황이 정반대로 돌아가는 것을 보고 직감적으로 모든 것이 끝났다는 것을 깨달았다. 마치 귀신 들린 사람이 예수님을 보면서 "하나님의 아들이여 우리가 당신과 무슨 상관이 있나이까"(마 8:29)라며 부르짖었던 것과 같다. 예수님을 만나는 순간 마귀는 자신의 때가 끝났음을 직감한다.

아직 말이 그치지 아니하여서 왕의 내시들이 이르러 하만을 데리고 에스더가 베푼 잔치에 빨리 나아가니라 에 6:14

여기서 우리가 느낄 수 있는 것은 급박한 상황 전개다. 앞서 설명했듯이, 하만은 새벽에 왕궁에 갔다가 왕의 명령을 받고 모르드개의 말을 끌고 수산 성 거리를 한 바퀴 쭉 돌면서 수치스러운 행진을 하는 데 하루 종일 걸렸다.

그렇게 지칠 대로 지쳐서 집에 돌아왔는데, 벌써 에스더가 주최하는 잔치 시간이 되어서, 하만을 데리러 온 왕궁 내시들의 마차가 도착한 것이다.

"아직 말이 그치지 아니하여서 왕의 내시들이 이르러 하만을 데리고 에스더가 베푼 잔치에 빨리 나아가니라."

이 말이 연거푸 강조되는 것은 지금 하만이 정신없이 상황에 끌려가고 있다는 뜻이다. 벌써 자신의 운명이 좋지 않은 방향으로 흘러가고 있다는 것을 알면서도, 어떻게 대응책을 마련할 겨를도 없었다. 그냥 심판의 파도에 정신없이 휩쓸려 가고 있을 뿐이었다.

특유의 정치적인 모략과 교활함으로 페르시아 왕과 신하들을 좌지우지하고, 치밀한 계획으로 유다인들 전부를 죽이는 모략을 거의 성공시켰던 하만. 그는 항상 자기보다 약한 사람을 쥐고 흔드는, 절대 갑으로 살아왔다.

그런데 이제는 자기가 비교도 할 수 없는 절대자의 손에 의해서 인생이 정신없이 추락하고 있다. 유다인을 죽이려는 음모를 폭풍같이 빠르게 밀어붙이던 하만이 이제는 거꾸로 하나님의 심판의 손에 폭풍처럼 빠르게 무너지고 있다. 하만에게 주어진 패망의 때는 그가 어떻게 손을 쓸 수 없을 만큼 신속히 임했다. 하만은 반쯤 넋이 나간 채로 왕궁에서 온 마차에 올라탔다. 아니, '끌려나가 태워졌다'라고 하는 편이 정확할 것이다.

우연을 가장한 섭리

이 스토리는 에스더서 전체에서 가장 긴박하고 드라마틱하다. 이루어질 수 없는 순간에 정말 놀라운 방법으로 순식간에 상황이 역전되고 있다. 하나님께서는 이해할 수 없는 방법으로 역사하신다. 아하수에로 왕의 불면증과 역사일지 독서를 통해 유다 민족의 구원이 시작될 줄 그 누가 예측할 수 있었겠는가.

하나님의 계획은 반드시 하나님의 방법으로 이루어진다. 그 방법은 항상 우리 인간의 상상을 초월한다. 그렇기 때문에 우리는 우리의 인간적인 방법들을 하나님 앞에 펼쳐놓고 그중 하나를 택해달라고 하나님을 제한해선 안 된다. 하나님은 우리의 메뉴판에도 없는 크고 놀라운 방법을 갖고 계신다.

하나님께서 우리 기도를 응답해주시는 방법 중에 하나는 우리가 우연이라고 생각하는 것들을 하나로 엮어내는 놀라운 섭리를 통해서다. 우리가 우연히 가게 된 한 장소에서, 우연히 어떤 사람을 만나고, 그와 대화하면서 우연히 떠오른 생각이 있었고, 그로 인해 우연히 어떤 일을 같이 시작하게 되어, 그 시작하게 된 일이 우연히 인생을 바꾸는 계기가 된다.

수년 전 한 미국 목사님에게 들은 이야기인데, 그 목사님 교인 중에 아주 신실한 젊은 부부가 있었다고 한다. 이 부부가 뉴욕의 아파트에 살다가 다른 곳으로 이사하게 되었다. 미국은 이삿짐센터 서비스가 따로 없고, 대부분 본인들이 큰 이삿짐 트럭을 렌트해서 친구들을 불러 같이 짐을 나른다. 이삿날, 이 부부도 그렇게 했는데, 살던 아파트가 5층이어서 짐을 다 엘리베이터로 옮겼다.

그런데 마지막으로 침대 매트리스를 옮길 때, 그만 엘리베이터가

고장이 나서 작동을 하지 않았다. 할 수 없이 그들은 낑낑대며 계단으로 매트리스를 가지고 내려와야 했다. 간신히 1층으로 매트리스를 가지고 내려와서 한 20미터 남짓 되는 곳에 주차된 트럭으로 가지고 가던 참이었다.

"안 돼! 누가 좀 도와줘!"

저쪽에 있던 행인이 비명을 지르면서 건물 위쪽을 가리키며 뛰어오는 것이 보였다. 위쪽을 올려다보았더니 한 4층 높이 아파트 베란다에서 놀던 서너 살 되어 보이는 아이가 베란다 난간에서 미끄러져 밑으로 떨어지기 일보 직전이었다. 아파트 층고가 높았기 때문에 10미터 아래 콘크리트 바닥에 그대로 떨어지게 되면 죽거나 크게 다칠 확률이 100퍼센트였다.

순간, 이 부부는 누가 먼저랄 것도 없이 있는 힘을 다해 자신들이 들고 있던 매트리스를 앞으로 집어 던졌다. 0.5초도 안 되어서 아이는 밑으로 추락했고, 기적같이 매트리스 위로 떨어졌다. '앙' 하고 울었지만, 다행히 다친 곳은 아무 데도 없었다.

만약 그날 그 아파트에서 엘리베이터가 고장 나지 않았더라면 어떻게 됐을까? 그래서 그 시간보다 훨씬 빨리 트럭에 짐을 실었더라면? 만약 마지막으로 들고 나온 가구가 침대 매트리스가 아닌 서랍장이었더라면? 두말할 것도 없이 그날 아이는 죽거나 불구가 되었을 것이다.

훗날 그 크리스천 부부는 간증하기를, '그날 그 모든 우연 같은

사건들이 다 그 아이를 살리기 위한 하나님의 섭리였습니다'라고
했다.

하나님께서는 우리가 우연이라고 생각하는, 얼핏 보아서는 아무
상관 없는 일들을 놀랍게 하나로 연결시키셔서 기가 막힌 완성품을
만드신다. 왕이 기억해낸 5년 전 모르드개의 공로처럼, 하나님께서
는 이미 지나간 과거의 사건도 놀랍게 현재로 가져오셔서, 새로운 미
래를 만드는 데 사용하신다.

상황이 우리의 통제 밖에 있는 것 같아 보일 때도 하나님은 일하신
다. 인생을 예측할 수가 없을 때, 악인의 득세를 막을 수가 없을 것
같을 때도 하나님은 일하신다. 그리고 한순간에 절망 같은 먹구름
을 걷어버리신다.

그래서 우리는 항상 우리의 영적 안테나를 곤두세우고 있어야 한
다. 하나님 섭리의 신비를 이해하는 것은 수백만 개짜리 퍼즐을 맞추
려고 하는 것처럼 불가능하다.

우리는 하나님의 역사를 다 이해하려고 하지 말고, 오직 믿음을
가지고 기다려야 한다. 세상 사람들은 실체가 없는 요행과 행운을
기다리지만, 우리는 하나님을 기대하면서 기다린다. 그분이 주신 약
속의 말씀을 붙들고 기다린다. 현재 내 상황이 기도하는 방향과는
정반대로 가는 듯해도, 주위 상황이 폭풍처럼 요동치는 바람에 온갖
두려움이 몰려온다 해도, 우리는 기도하며 주님의 얼굴에 집중해야
한다.

우리가 이해할 수 없는 방법으로, 우리가 생각지도 못한 타이밍에, 생각지도 못한 사람을 통하여 하나님은 일하실 것이다. 그리고 우리를 반드시 약속의 땅으로 인도하실 것이다.

에스더 7:1-10

1 왕이 하만과 함께 또 왕후 에스더의 잔치에 가니라 2 왕이 이 둘째 날 잔치에 술을 마실 때에 다시 에스더에게 물어 이르되 왕후 에스더여 그대의 소청이 무엇이냐 곧 허락하겠노라 그대의 요구가 무엇이냐 곧 나라의 절반이라 할지라도 시행하겠노라 3 왕후 에스더가 대답하여 이르되 왕이여 내가 만일 왕의 목전에서 은혜를 입었으며 왕이 좋게 여기시면 내 소청대로 내 생명을 내게 주시고 내 요구대로 내 민족을 내게 주소서 4 나와 내 민족이 팔려서 죽임과 도륙함과 진멸함을 당하게 되었나이다 만일 우리가 노비로 팔렸더라면 내가 잠잠하였으리이다 그래도 대적이 왕의 손해를 보충하지 못하였으리이다 하니 … 10 모르드개를 매달려고 한 나무에 하만을 다니 왕의 노가 그치니라

chapter **7**

하만의 최후

오래전 러시아에 사회주의 혁명을 꿈꾸던 청년이 있었다. 그는 비밀조직에 가담했다가 총살형을 선고받았다. 그런데 사형이 집행되기 직전, 아슬아슬하게 도착한 전령이 들고 온 황제의 사면 명령으로 그는 간신히 살아났다. 대신 그는 악명 높은 시베리아 수용소로 유형을 가게 되었다. 그런데 가다가 기차가 한 역에 멈췄다. 그때, 한 독일 여인이 신약성경 한 권을 그 젊은이에게 건네주었다. 차라리 죽는 게 낫다고 할 정도의 고통스러운 시베리아 수용소 생활을 계속 해나가면서 이 젊은이는 틈틈이 그 여인이 준 성경책을 읽었다. 그리고 결국 그리스도를 만나게 되었다.

모진 수용소 생활을 마치고 돌아온 그는 《백치》, 《죄와 벌》, 《카라마조프의 형제들》 같은 인류 문학사를 빛낸 불멸의 명작들을 남겼다. 그렇다. 그의 이름은 바로 러시아의 대문호 표도르 도스토옙스키다.

만약 그날 황제의 특사가 그의 사형 집행 직전에 도착하지 못했다면 어떻게 됐을까? 그리고 시베리아 수용소로 가던 길에 기차가 한 역에서 멈추지 않았다면, 멈춘 기차역에서 한 여인이 신약성경을 주지 않았다면 어떻게 되었을까? 단 하나의 사건이라도 어긋났더라면, 전 세계 사람들에게 감동을 준 그의 위대한 작품들은 탄생할 수 없었을 것이다.

그 모든 것은 바로 하나님의 너무나 섬세한 섭리였다. 세상 모든 역사를 주관하시는 하나님께서는 지금도 하나님의 사람들의 인생 순간순간에 관여하고 계신다.

세 사람의 다른 하루 – 아하수에로

앞 장에 이어 이번 장에서는 에스더가 왕을 초대하는 두 번째 잔치를 다루고 있다. 첫 번째 잔치가 끝나고 하루 만에 다시 똑같은 장소에서 똑같은 호스트와 게스트가 만나는 잔치다. 그러나 멤버는 같았어도 마음 상태만은 전날과 완전히 달라져 있었다. 운명의 24시간 사이에 너무나도 영화 같은 드라마틱한 일들이 계속 일어났기 때문이다. 이로 인해 잔치에 참석한 자들은 똑같지만, 모두 어제 잔치와는 전혀 다른 마음으로 참석하게 되었다.

지난 하루 동안, 아하수에로 왕에게 하나님은 놀랍게 역사하셨다. 첫날 잔치가 끝나고 침소로 돌아오면서 왕의 마음은 복잡했다.

'왜 신중하고 경건한 왕후 에스더가 목숨을 걸고 자기를 찾아왔을까? 소원이 뭐냐고 물어도 두 번이나 주저하며 내일 또 한 번의 잔치를 열 테니 하만과 함께 와달라고 하는 이유는 무엇일까? 왜 계속 부부간의 만찬에 굳이 하만까지 곁들여 초대할까?'

그래서 왕은, 잔치가 끝나고 오는 길에 하만에 대한 조사를 명령해 둔 터였다.

그래서 그랬던 것인지, 왕은 그날 밤 잠을 이루지 못하고 뒤척였다. 견디다 못해 수면제용으로 쓰기 위해 당직 사관에게 페르시아 역사 일지를 읽어달라고 했다. 그런데 그 사관이 우연히 읽어준 대목이 바로 5년 전 자신에 대한 무서운 암살 음모를 사전에 적발한 모르드개에 대한 이야기였던 것이다. 이에 왕은 자신이 공을 세운 모르드개에 상을 주지 않았음을 깨달았다. 너무 미안해진 왕은 밤새 어떻게 이 실수를 만회할까 고민했다.

그러다 날이 밝아오자, 새벽같이 출근한 하만과 마주치게 되었다. 왕은 하만에게 자신이 존귀하게 높이기를 원하는 자에게 어떻게 해주어야 할지 물었다. 사실 왕은 이 질문을 통해 어제부터 이상하게 생각하던 하만을 시험한 것이었다. 어리석은 하만은 왕이 자기를 높여주려는 줄 알고 신나게 대답했다. 그런 사람이 있다면 왕이 입는 옷을 입히고, 왕이 쓰는 관을 씌우고, 왕이 타는 말을 타게 하고, 왕의 최고위 신하의 호위를 받으며 수산 성 곳곳을 행진하게 하는 것이 어떠냐고 말이다.

순간 왕은 속으로 몹시 불쾌해졌다.

'네가 평소에 왕인 내가 누리는 것을 탐내고 있었구나.'

왕은 즉시로 하만에게 '네가 낸 아이디어 그대로 모르드개를 높여주라'는 명령을 내렸다.

이래저래, 그날 저녁 왕은 모르드개에게는 오래전 진 빚을 조금은 갚았다는 후련한 마음과 함께, 하만에 대한 불편한 마음을 가지고 두 번째 잔치에 참석했을 것이다.

세 사람의 다른 하루 – 하만

한편, 악한 총리대신 하만에게도 지난 하루는 너무나 충격적인 시간이었다. 첫날 잔치에 참석하고 나올 때만 해도 그는 기고만장해 있었다. 총리대신의 자리에까지 이르러, 눈엣가시 같던 모르드개와 유다인들을 전멸시키라는 명령까지 얻어냈으니 말이다.

게다가 이제는 왕후 에스더까지 왕과의 개인 만찬에 자신을 두 번이나 초대했다는 사실에 그는 자신이 정말 특별한 존재가 되었다는 착각에 빠졌다.

그러나 그는 퇴근길에 자신에게 절하지 않는 모르드개에 분개하며 집으로 돌아와 아내와 상의하여 모르드개를 처형할 계획을 세운다. 그는 다음 날 대궐로 가서 왕의 허락을 받으려 했다. 그 정도 부탁쯤이야 왕이 들어줄 것으로 확신했기에, 그는 먼저 자기 집에 죄인을 처형할 때 쓰는 큰 나무 형틀부터 세워 놓았다. 그야말로 김칫국부터 마신 셈이다.

그런데 그는 새벽같이 대궐로 출근하여 만난 왕으로부터 생각지 못한 말을 들었다. 왕이 '존귀하게 높이기를 원하는 자에게 어떻게 해주는 것이 좋을지' 묻는 것이다. 그때까지 승승장구해왔던 하만은 그 '높이기를 원하는 자'가 자기 자신이라고 착각했다. 그래서 자신이 원했던 것들을 말하며 이렇게 저렇게 왕이 누리는 모든 것을 누리게 해주라고 답했다. 그만 자신의 평소 욕망을 드러내고 만 것이다.

그러자 왕은 '대궐 문지기 모르드개에게 네가 한 말 그대로 해주라'라는 충격적인 명령을 내린다. 졸지에 하만은 그 길로 나가서 하루종일 모르드개의 말 시종이 되어서 수산 성 곳곳을 다니며 백성들 앞에서 모르드개를 칭송하는 고함을 질러야 했다. 죽이려던 원수의 종처럼 사는 것을 만백성 앞에서 보인 셈이니, 하만은 수치심이 극에 달했을 것이다.

수산 성은 아주 넓은 성이다. 고함을 치며 그 성 곳곳을 하루 종일 걸어 다녔으니 보통 중노동이 아니었을 것이다. 평생 종들을 부리며 호의호식해왔던 하만이다. 그런 힘든 일을 해본 적이 없었으니 훨씬 더 힘들었을 것이다. 아마도 해 떨어질 무렵 하만은, 목은 다 쉬고 몸은 파김치가 된 상태로 비틀거리며 퇴근했을 것이다.

간신히 집에 돌아온 그는 자신이 하루 종일 겪은 기가 막힌 상황을 아내와 심복들에게 얘기했다. 그러자 그들은 위로는커녕 '그게 사실이라면 이제 당신의 운명은 끝났네요'라는 절망적인 선언을 한다. 하만이 배신감을 느낄 새도 없이 마침 궁궐에서 그를 데리러 온 마차가 당도했다. 에스더가 주관하는 두 번째 잔치 시간이 다 된 것이다. 그렇게 하만은 지치고 넋이 나간 상태로 마차에 실려서 궁궐로 향하게 된다.

이것은 결코 하만이 생각했던 하루가 아니었다. 하만의 원래 계획대로라면 그는 왕의 허락을 받아 오전에 모르드개를 처형하여 마음에 쌓인 한을 풀고, 오후에는 목욕을 하고 푹 쉰 다음, 정장을 갖추고 왕후의 잔치에 갔어야 했다.

그런데 전혀 예상 못한 악몽 같은 시나리오가 펼쳐진 것이다. 그는 어제까지 자기가 경멸했던 사람의 말 시종이 되어 하루 종일 흙먼지를 뒤집어쓰고 다니느라 녹초가 되었다. 게다가 지칠 대로 지친 몸과 수치심에 가득 찬 마음을 달래기도 전에, 정신없이 잔치 자리로 끌려가다시피 가게 된다.

게다가 연회장 앞에서 만난 왕의 자신을 바라보는 눈빛이 따뜻하지 않았다. 하만은 속으로 뭔가 불길한 예감이 잔뜩 들었을 것이다. 그러나 지금 자신이 할 수 있는 일은 아무것도 없었다. 두 번째 잔치에 참석하는 하만은 첫 번째 잔치에 참석하는 하만과 완전히 다른 사람이었다.

세 사람의 다른 하루 - 에스더

마지막으로, 에스더는 지난 하루를 어떻게 보냈을까? 사실 하나님께서는 에스더에게도 모든 계획을 한꺼번에 다 알려주지 않으셨다. 그저 한 걸음 한 걸음 인도하셨다.

에스더가 유다 민족과 함께 3일 금식기도하는 동안, 하나님께서는 에스더에게 왕에게 나갈 수 있는 담대함을 주셨고, 왕과 하만을 초대하는 잔치를 열라는 아이디어도 주셨다. 그리고 왕이 계속해서 호의를 보이며 소원을 말하라고 할 때도, 두 번씩이나 다음 기회로 미루게 하시는 마음도 주셨다.

아마 에스더 자신도 답답하고 불안했을 것이다. 변덕이 심한 왕의 마음이 변하기 전에 빨리 소원을 말해야 할 것 같은데, 성령께서 왜 자꾸 내 입을 막으시고 그다음 기회로 미루게 하시는지 궁금했을 것이다. 그러나 에스더는 이해할 수 없어도 하나님을 믿고 순종했다.

첫날밤 잔치가 끝나고 에스더는 다시 하나님 앞에 나가서 간절히 기도했을 것이다. 그다음 날 아침에 일어나 하루 종일 두 번째 잔치를 준비하면서도 또 간절히 기도했을 것이다. 그리고 에스더가 기도하는 동안 하나님께서는 놀라운 일을 왕과 하만, 그리고 모르드개에게 행하고 계셨다.

하지만 하나님께서는 이 모든 일들을 에스더 등 뒤에서 하셨기에, 에스더는 아무것도 모르고 있었다. 다만, 두 번째 잔치 자리에서는 더 이상 미루지 말고 진짜 본론을 말해야 한다는 것만은 알았다. 성령께서 그런 확신을 주셨을 것이다.

그렇다면 어떻게 말해야 가장 지혜롭고 확실하게 말할 수 있을까. 현명한 에스더였지만 너무나 많은 사람의 목숨이 걸린, 말 한마디로 역사가 바뀔 수 있는 중요한 일이었기에, 거듭 성령의 지혜를 구했을 것이다.

하나님께서 이미 에스더 모르게 상황을 너무나 멋지게 준비해 놓으셨다는 것을 모른 채, 에스더는 그저 선하신 하나님을 믿고, 차분히 자신의 할 일을 하나씩 하며 기다렸다.

뒤집힌 판

단 하루 만에 성령께서는 완전히 다른 판을 만드셨다. 각 사람의 인생에서 다른 일들을 동시에 진행하신 것이다. 그렇게 5년 동안 묻혀 있던 모르드개의 이름이 왕의 마음 깊이 새겨지면서 만천하에 공개되었다. 이제 모르드개는 왕과 온 나라가 아는 유명 인사가 되어 높임을 받았다. 이제 그 누구도 모르드개를 함부로 건드릴 수 없게 되었다.

반면, 지금까지 교활한 처세술로 승승장구해왔던 하만은 한순간에 완전히 허를 찔려서 휘청거렸다. 그는 다음 대응책을 마련할 겨를도 없이 지치고 불안한 마음으로 두 번째 잔치에 끌려나오다시피 했다.

한편 왕은, 모르드개에 대한 고마운 마음과 하만에 대한 불쾌한 마음과 에스더에 대한 사랑, 그리고 기대심으로 두 번째 잔치에 나왔다.

같은 시각 에스더는 이제 두 번째 잔치를 디데이(D-DAY)로 잡고, 기도하며 비장한 각오로 승부수를 던지러 나왔다.

이렇게 어제와 같은 멤버 세 사람이 어제와는 전혀 다른 마음가짐으로 한곳에 모였다. 고대 헬라 격언에 "사람은 같은 강을 두 번 건널 수 없다"라는 말이 있다. 이는 강이 변하기 때문이 아니라 사람이 변하기 때문이라고 한다. 역사를 주관하시는 하나님께서 단 하루 동안에 세 사람의 마음에 각각 신비롭게 역사하셔서, 드디어 마지막 무대를 준비하셨다.

전설적인 미국의 복싱 헤비급 챔피언 조 프레이저가 말하기를 "나는 상대를 이기기 위해 링에 올라가는 게 아니다. 이미 이겼다는 사실을 상대에게, 그리고 지켜보는 모든 사람에게 확인시켜주기 위해서 올라가는 것뿐이다"라고 했다.

이 두 번째 잔치를 영적 전쟁의 시각에서 보면 바로 그렇다. 하나님의 사람 에스더가 마귀의 하수인인 하만을 상대로 마지막 승부를 가리기 위해 나간다. 그러나 하나님께서는 이미 마귀의 허를 찌르셨고, 하만은 불안하고 초조한 패자의 심정으로 잔치에 나왔다.

우리 또한 이미 갈보리에서 승리하신 예수님의 권세를 등에 업고 담대히 영적 전쟁에 임해야 할 것이다.

에스더의 담대하고 지혜로운 말

왕이 이 둘째 날 잔치에 술을 마실 때에 다시 에스더에게 물어 이르되 왕후 에스더여 그대의 소청이 무엇이냐 곧 허락하겠노라 그대의 요구가 무엇이냐 곧 나라의 절반이라 할지라도 시행하겠노라 에 7:2

"술을 마실 때에"는 만찬의 마지막에 술을 마시는 시간을 가리킨다. 이는 만찬 중간에는 식사를 방해하지 않기 위해 미루어둔 중요한 본론을 이제 다루기 시작할 시간임을 알려준다. 에스더는 드디어 더 이상 미룰 수 없는 운명의 순간이 왔음을 직감했다. 3일 동안 금식기도를 하며, 또 오늘 하루 동안 수없이 많이 고민하고 생각했던 그 대사를 천천히 입 밖으로 꺼내야 했다.

왕후 에스더가 대답하여 이르되 왕이여 내가 만일 왕의 목전에서 은혜를 입었으며 왕이 좋게 여기시면 내 소청대로 내 생명을 내게 주시고 내 요구대로 내 민족을 내게 주소서 나와 내 민족이 팔려서 죽임과 도륙함과 진멸함을 당하게 되었나이다 만일 우리가 노비로 팔렸더라면 내가 잠잠하였으리이다 그래도 대적이 왕의 손해를 보충하지 못하였으리이다 하니 에 7:3,4

먼저, "왕이 좋게 여기시면"이라는 말로 에스더는 왕의 자존심을 최대한 배려했다. 에스더는 겸손히 왕의 자비한 마음에 호소하고 있다. 이미 왕이 에스더를 기뻐한 나머지 왕국의 반이라도 주겠다고 했는데도, 에스더는 더욱 고개를 숙여 겸손하게 말한다. 권위자에게 말할 때는 항상 이런 겸손이 필요하다.

그리고 "내 생명을 내게 주시고"란 말로써 에스더는 먼저 이 일에 왕이 아끼는 왕후인 자신의 개인적 운명이 걸려 있음을 강조한다. 페르시아 제국에는 수많은 민족이 어울려 살고 있었기 때문에 유다 민족이라고 해서 왕이 갑자기 특별한 마음이 생길 리가 없었다. 에스더는 지금 왕이 한 민족의 운명보다는 왕후인 에스더 자신에게 더 큰 관심을 두고 있음을 알고 하는 말이었다. 그리고 에스더는 이렇게 말을 이었다.

"내 민족을 내게 주소서 나와 내 민족이 팔려서 죽임과 도륙함과 진멸함을 당하게 되었나이다."

여기서 '팔린다'는 말은 '뇌물에 의해 적의 차지가 된다'는 뜻이다. 에스더는 왕에게 은 일만 달란트를 뇌물로 바치면서 유다 민족 말살 작전을 승인받은 하만의 죄를 언급하고 있다. "죽임과 도륙함과 진멸함"은 같은 말을 다른 세 단어로 거듭 반복한 것으로, 유다인 말살 계획이 얼마나 무섭고 잔혹할 것인지를 강조하기 위해서 반복한 것이다. "내 민족을 내게 주소서"라는 말은 '저와 제 민족을 살려달라'는 뜻이다.

"만일 우리가 노비로 팔렸더라면 내가 잠잠하였으리이다 그래도 대적이 왕의 손해를 보충하지 못하였으리이다"란 말은, 차라리 노예가 되는 일이라면 언젠가 자유를 회복하리라 꿈이라도 꿀 수 있겠지만, 한 번 생명을 잃고 난 뒤에는 다시 회복될 수 없다는 뜻이다. 수백만 유다인이 죽임을 당하면, 모든 면에서 페르시아 제국에 큰 타격이 될 것이 분명하다. 더불어 이 학살을 주도하는 하만의 무리는 그 큰 손해를 다 메꾸기 불가능할 것이라는 뜻이다.

에스더가 결정적인 순간에 한 말은 정말이지 성령께서 주신 지혜였다.

> 의인의 마음은 대답할 말을 깊이 생각하여도 악인의 입은 악을 쏟느니라 잠 15:28

이 말씀은 마치 에스더와 하만을 두고 하신 말씀 같다. 지혜와 어리석음의 차이다. 하만 같은 세상적으로 영악한 인물은 꾀는 있을지 모르나 지혜는 없다. 지혜는 하나님의 선을 이루는 것이기에 악인의 꾀와는 차원이 다르다.

에스더는 결정적인 순간, 즉 왕이 무엇이든 들어줄 수 있는 그 순간을 지혜롭게 잘 포착하여 승부수를 던졌다. 우리도 늘 기도로 하나님의 지혜를 구하며 움직여야 한다.

왕의 분노

왕은 그때까지도 에스더가 유다인이라는 사실을 전혀 몰랐기 때문에, 감히 왕후와 그 동족을 한꺼번에 죽이려 하는 음모가 있다는 사실에 경악했다.

'내 민족(my people)이라고? 왕후의 민족이 도대체 누구란 말인가? 왕후가 순수한 페르시아 사람이 아니란 말인가?'

그러고 보니, 왕은 에스더가 어느 민족 출신인지에 대해 자세히 알지 못했다. 그저 사람이 좋으니 좋아한 것뿐이다.

그러면서 문득, 얼마 전 페르시아 제국 내의 한 민족을 진멸하라는 조서에 서명한 기억이 났다. 그것은 총리대신 하만이 발의한 것으로, 그때 하만은 그 민족이 페르시아 법을 따르지 않기 때문에 나라에 해가 되므로 없애야 한다고 했었다. 그런데 그 일과 에스더가 연관이 있으리라고는 생각도 못한 것이다. 왕은 뭔가 가슴이 뜨끔했다.

'설마 왕후 에스더가 바로 그 유다 민족이라고? 오래전 내 생명을 구해주었던 모르드개도 유다인이라던데? 하만도 에스더와 모르드

개가 유다인인 것을 알고 꾸민 일일까? 그렇다면 내가 하만에게 이용당했단 말인가!'

자신이 직접 서명한 유다인 학살 명령과 이 사건이 서로 관련이 있다는 사실을 왕은 미처 인지하지 못하고 있었던 것이다.

당시 절대 군주 체제에서 왕은 곧 신과 같았다. 왕은 결코 실수할 수 없었다. 왕의 실수는 신하가 잘못 보좌한 탓이다. 책임은 왕이 아니라 그 신하가 져야만 했다.

아하수에로 왕이 왕후 에스더에게 말하여 이르되 감히 이런 일을 심중에 품은 자가 누구며 그가 어디 있느냐 하니 에 7:5

왕은 지금 자신이 사랑하는 왕후의 생명도 구하면서 동시에 자신의 체면도 세울 수 있는 길을 찾아야만 했다. 그것은 이 악한 음모를 꾸민 하만에게 모든 책임을 묻는 것이었다.

에스더의 결정타

한편 대화는 왕과 에스더가 하고 있었지만, 정작 그 대화를 들으며 가장 초조해하고 두려워했던 사람은 하만이었을 것이다. 이미 에스더가 말을 꺼낼 때부터 하만은 이것이 자기 얘기임을 직감했다. 그리고 너무나 놀랐다.

'설마 왕후 에스더도 유다인이었단 말인가. 그렇다면 지난 이틀간 자신을 왕과 함께 계속 잔치에 초대한 것도, 유다인 모르드개가 그토록 담대할 수 있었던 것도, 다 왕후와 연관이 있단 말인가.'

왕은 이미 왕후에게 나라의 절반이라도 줄 테니 소원을 말하라고 거듭 말했다. 하만은 그 자리에서 직접 그 말을 들었다. 페르시아 왕의 말은 곧 법이다. 이제 왕후의 칼끝이 자신에게 겨누어진 이상, 하만은 결코 빠져나갈 수 없었다. 이런 엄청난 위기 앞에서는 그동안 그의 전매특허였던 뇌물 쓰기나 정치적 인맥 동원 같은 것들이 아무 소용이 없었다. 교활한 하만 인생에 이렇게 아무것도 못 하고 허를 찔려서 당하기는 처음이었을 것이다. 눈앞이 캄캄해지고 식은땀이 흘러내리며 다리가 후들후들 떨리고 있는데, 아니나 다를까. 왕후는 벌떡 일어나 무서운 눈빛으로 쏘아보며 손을 들어 자신을 가리켰다.

에스더가 이르되 대적과 원수는 이 악한 하만이니이다 하니 하만이 왕과 왕후 앞에서 두려워하거늘 에 7:6

아, 얼마나 하고 싶은 말이었을까. 에스더는 그동안 마음속에 묻어두고 준비했던 결정타를 날렸다. 하만은 그만 파랗게 질려서 그 자리에 털썩 주저앉았을 것이다. 물론 아무것도 모르고 법안에 사인한, 한 소수민족의 생명쯤은 대수롭지 않게 여겼던 왕도 책임이 없다고는 할 수 없다. 그러나 이 상황에서는 오직 하만만이 죄인이어야 했다.

"하만이 왕과 왕후 앞에서 두려워하거늘."

세상에 힘을 가진 자들은 강한 자 앞에선 약하고, 약한 자 앞에선 강하다. 죄는 항상 사람에게 불안과 공포를 초래한다. 어저께까지 페르시아 제일의 권력자라고 으스대던 하만의 모습은 온데간데없었다. 이제는 오직 심판을 두려워하며 덜덜 떠는 초라한 죄인의 모습만 남았다.

하만은 왕만 두려워한 게 아니다. 그건 당연하고, 이젠 왕후 에스더도 두려워하게 되었다. 어제까지만 해도 안중에도 없던 연약한 왕후 에스더다. 그런데 이제는 그녀가 태산처럼 크고 무서운 존재로 보였다. 주님은 우리가 약할 때 강함 되신다. 우리가 기도하며 하나님의 영으로 충만해지면, 어떤 악한 세상 권세도 우리를 함부로 대하지 못한다.

하만의 최후

에스더의 말을 들은 왕은 분노가 하늘 끝까지 치솟았다. 그는 앞에 앉은 하만을 무서운 눈으로 노려보고는 그대로 자리를 박차고 후원으로 나가버렸다. 아마 너무 화가 나서 자신을 어떻게 할 수가 없었기에 일단 후원으로 나가 감정을 가라앉히려 한 것 같다. 왕은 얼마 전 자신이 승인한 유다 민족 대학살 계획안에 왕후 시해 계획까지 포함되어 있으리라고는 상상도 못 했다.

물론 하만은 에스더 왕후가 유다인인 것을 모르고 한 일이었다. 하지만, 왕은 하만이 알고 진행한 일이라고 생각했다. 따라서, 자신이 가장 믿었던 신하에게 기만당했다는 생각에 엄청난 배신감을 느낄 수밖에 없었다. 이제 와서 변명해봤자 소용이 없다는 것을 하만도 알았을 것이다.

자리를 박차고 나가는 왕의 뒷모습을 보면서 하만은, 순간 하늘이 노래지는 것 같았다. 왕이 얼마나 무서운 사람인지 모르는 사람은 페르시아 왕궁에 아무도 없었다. 아무것도 아닌 일로도 밑의 부하들 죽이기를 벌레 죽이듯 하는 왕이었다. 하만은 그동안 자신이 교만에 취해서 아하수에로 왕이 어떤 사람인지를 까맣게 잊고 있었다는 사실을 깨달았다. 바보가 아닌 이상 왕의 살기에 가까운 분노를 못 느낄 수가 없었다. 이미 왕은 자신에게 가장 무서운 극형을 내리기로 결심했을 것이다.

'이제 나는 끝났구나!'

절망감이 하만을 사로잡았다. 이제 살 수 있는 길은 오직 하나, 왕후 에스더에게 자비를 구하는 것밖에 없었다.

페르시아 제국 권력 서열 2위로, 그동안 온갖 부귀영화를 만끽하며 권세를 누리던 하만이다. 그러나, 이제는 자기 목숨을 부지하는데 급급해하는 비열하고 초라한 모습을 보이고 있었다. 이는 하나님을 의지하지 않고 오직 세상 권력만을 등에 업고서 기고만장해하는 자들이 얼마나 허무하게 무너질 수 있는가를 보여준다.

잔치 자리에 돌아온 왕은 왕후 에스더 앞에 엎드려 자비를 구하는 하만을 보고 눈이 뒤집혔다. 어찌 감히 궁중에서, 그것도 자신이 보는 앞에서 왕후를 성폭행하려고 하느냐고 고함을 쳤다. 하지만 이것은 사실이 아니다. 아무리 하만이 온갖 악을 서슴지 않고 저지르는 인물이지만, 정신 나간 사람이 아니고서야 이런 상황에서 어찌 감히 왕후를 범하려고 했겠는가.

하지만, 사람이 일단 다른 사람을 나쁘게 보기 시작하면, 그 사람이 무엇을 하든지 최악의 상황을 상상하게 된다. 지금 하만을 바라보는 아하수에로 왕이 그렇다.

상식적으로 왕도 이런 상황에서 하만이 감히 왕후를 범하려 했을 거라고는 생각지 않았을 것이다. 하지만 없는 죄라도 가능성만 보이면 더 뒤집어씌워서 하만을 최악의 인간으로 만들어야 그에 대한 심판에 확실한 명분이 생길 것이었다. 그리고 사실이 아니라도 일단 왕의 입에서 나온 이상 그것은 사실이 되는 것이었다.

즉시, 주변의 신하들이 "하만의 얼굴을 싸더라"(에 7:8)라고 했는데, 이는 페르시아에서 죄인을 처형하기 전에 천으로 그 얼굴을 덮을 때 하는 행위다. 이제 하만의 처형은 기정사실화 되었고, 남은 건 어떤 방법으로 처형하느냐였다. 그런데, 그만 하만 자신이 그 방법을 결정하게 되고야 말았다.

하만을 그 나무에 달라

왕이 하만을 향해 불같이 분노하고 있다는 사실을 직감한 순간, 하르보나라는 내시가 기다렸다는 듯 왕의 분노에 기름을 부었다.

왕을 모신 내시 중에 하르보나가 왕에게 아뢰되 왕을 위하여 충성된 말로 고발한 모르드개를 달고자 하여 하만이 높이가 오십 규빗 되는 나무를 준비하였는데 이제 그 나무가 하만의 집에 섰나이다 왕이 이르되 하만을 그 나무에 달라 하매 에 7:9

하르보나는 하만이 모르드개를 처형하기 위해 그의 집에 나무를 준비했다고 전했다. 하만이 그 일을 집에서 모의하고 실행한 지 하루도 되지 않았는데, 왕의 내시가 그 사실을 어떻게 알았을까?

앞서 언급한 대로 첫날 잔치에서부터 하만을 의심하기 시작한 왕이 그날 밤, 하만 집에 감시하는 사람들을 붙였음이 틀림없다. 내시하르보나는 바로 왕이 붙인 감시 요원들의 보고를 통해, 하만이 집에 모르드개를 처형하기 위한 나무를 세웠음을 알았던 것이다. 그리고 이것을 언제 보고하나 기회를 엿보고 있었을 것이다.

내시는 하만이 "왕을 위하여 충성된 말로 고발한 모르드개"를 죽이려 했음을 강조했다. 그 말을 듣는 순간 왕은 정신이 번쩍 들었다. 어젯밤 잠 못 이루던 차에 우연히 읽게 된 역사일지를 통해 기억해낸 모르드개. 5년 전 자신의 생명을 구해준 고마운 은인 모르드개. 지난날 미처 보상하지 못했던 모르드개에 대해 왕은 미안한 마음과 고마운 마음뿐이었다. 그래서 마침 새벽같이 출근한 하만에게 모르드개를 존귀하게 높이라고 지시했었다.

그런데 그런 모르드개를 하만이 죽이려 했다는 사실은 이미 분노가 극에 달한 왕을 폭발시키기에 충분했다.

'미운 놈은 미운 짓만 골라서 하는구나.'

왕의 최측근 내시 하르보나의 말은, 하만의 운명에 쐐기를 박았다. 너무나 정확한 타이밍에 이 말을 한 내시는 놀랍게도 에스더나 모르드개의 사람이 아니다. 이건 그냥 하나님께서 역사하신 일이다.

지금 왕에게 가장 소중한 사람 둘이 있다면 왕후 에스더와 모르드개다(지난 하루 동안에 하나님이 역사하신 결과다). 그런데, 이 두 사람이 다 유다인이다. 그런 유다 민족을 하만이 몰살시키려 했다는 사실에 왕은 너무나 화가 났다. 원래 정석대로라면 그래도 일국의 총리대신을 처벌하는 일이니만큼 본인의 입장도 들어보고 증거도 수집하면서 신중히 처리해야 했다. 하지만 이 경우에는 달랐다. 분노가 너무 컸기에 왕은 정상적인 절차는 다 생략하고 바로 하만의 처형을 명령했다. 하만은 한마디 변명도 못 하고 그대로 형장으로 끌려가고 말았다.

'모르드개를 달고자 했던 나무'는 하만 자신의 집에 세운 나무였다. 모르드개를 처형하려고 어제 준비해 두었던 바로 그 나무에 오늘 하만 자신이 매달리게 되었다.

하나님께서는 악으로 하여금 자기가 판 함정에 자기가 빠지게 하신다. 하만은 수치스럽게도 자기 집에서 모든 가족과 종들이 보는 앞에서 처형당했다. 하만과 악한 음모를 꾸몄던 그 아내와 가족, 심복들은 모두 공포에 사로잡혀 이 광경을 지켜보아야만 했다. 모르드개를 매달아 죽여서 지켜보는 모든 유다인에게 공포를 심으려 했던 하만은, 역으로 자기가 죽어서 모든 악인들에게 공포를 심어주게 되었다. 하루 만에 입장이 그렇게 바뀌게 되리라고는 아마 꿈에도 생각지 못 했을 것이다.

무엇보다 본문은 에스더의 지혜로움과 하만의 어리석음, 에스더의 침착함과 하만의 패닉 상태가 대조를 이룬다. 하나님의 때를 기다리면서 항상 성령의 음성을 들으며 움직이는 에스더. 그런 사람에게 하나님께서 역사의 주도권을 안겨주신다. 이때까지는 하만 뜻대로, 마귀 뜻대로 세상이 돌아가는 것 같았다.

그러나 하나님께서는 결정적인 때에 놀라운 반전을 준비하고 계셨다. 에스더는 항상 기도하는 사람이었기에 하나님이 쓰시는 놀라운 반전의 도구가 될 수 있었다.

믿음으로 인내하는 것

앞 장에서 다룬 에스더가 주관한 첫 번째 잔치와 이번 장에서 살펴본 두 번째 잔치 사이, 이 하루 동안에 에스더는 아무것도 안 한 것 같았지만, 사실 가장 중요한 일을 했다. 바로 인내하고 기다림으로써 하나님이 역사하실 수 있는 시간을 드린 것이다. 이건 쉬운 것 같지만 보통 어려운 일이 아니다.

아무 죄 없이 죽음의 위기에 몰린 동족을 생각하면 너무나 분하고 억울했을 것이다. 지금까지는 힘이 없어서 아무것도 못 했는데, 이제는 엄청난 힘이 생겼다. 하나님의 은혜로 순식간에 왕의 총애를 한 몸에 받게 되었다. 절대권력자인 왕이 무슨 소원이든지 말하라고 한다. 보통 사람 같았으면 억울하고 분한 마음에, 그리고 변덕이 죽 끓듯 하는 왕의 마음이 변하기 전에 조급하게 소원을 말했을 것이다.

그러나 만약 에스더가 그렇게 감정적으로 일을 처리했더라면 일이 어렵게 엉킬 수도 있었다. 왕이 평소 신임하던 신하 하만을 두둔하며 나올 수도 있었고, 오히려 '너도 유다 민족이었느냐, 왜 그동안 신분을 숨겼느냐'라고 하면서 에스더를 질책할 수도 있었다.

하나님께서는 우리가 하나님의 일을 하나님의 때에 맞추어 하기를 원하신다. 하나님의 때를 맞추기 위해서는 조급한 감정을 절제하는 인내심이 필요하다. 첫날 잔치에서 두 번째 잔치 사이의 시간을 에스더는 하나님께 맡겨드렸다. 그 시간 동안에 하나님께서는 왕이 모르드개를 기억하게 하셨고, 하만이 모르드개를 죽이려고 집에 처형대를 준비하는 어리석은 짓을 행하게끔 하셨다. 또한, 왕이 모르드개와 유다 민족에 대해서 아주 호의적인 감정을 갖게끔 역사하셨다. 이 모든 것은 에스더가 하나님이 기다리라고 하실 때 믿음으로 기다렸기 때문에 가능한 일이었다.

살면서 우리는 하만같이 악한 사람들을 항상 만난다. 그러나 우리가 그들과 같은 방법으로 싸울 순 없다. 우리는 에스더처럼 선한 능력으로 싸워야 이길 수 있다. 한 걸음 한 걸음 기도하고 인내하며 성령께서 개입하실 공간을 드려야 한다. 보이지 않는 곳에서 역사하실 하나님을 믿는 믿음이 있는 자만이 기다릴 수 있다. 그렇게 믿음으로 인내하는 자를 성령이 인도하셔서 반전의 승리를 얻게 하실 것이다.

HOLY BREAKTHROUGH

역사를 주관하시는
하나님의 반전

에스더 8:1-17

… 11 조서에는 왕이 여러 고을에 있는 유다인에게 허락하여 그들이 함께 모여 스스로 생명을 보호하여 각 지방의 백성 중 세력을 가지고 그들을 치려하는 자들과 그들의 처자를 죽이고 도륙하고 진멸하고 그 재산을 탈취하게 하되 12 아하수에로 왕의 각 지방에서 아달월 곧 십이월 십삼일 하루 동안에 하게 하였고 13 이 조서 초본을 각 지방에 전하고 각 민족에게 반포하고 유다인들에게 준비하였다가 그 날에 대적에게 원수를 갚게 한지라 14 왕의 어명이 매우 급하매 역졸이 왕의 일에 쓰는 준마를 타고 빨리 나가고 그 조서가 도성 수산에도 반포되니라 15 모르드개가 푸르고 흰 조복을 입고 큰 금관을 쓰고 자색 가는 베 겉옷을 입고 왕 앞에서 나오니 수산 성이 즐거이 부르며 기뻐하고 16 유다인에게는 영광과 즐거움과 기쁨과 존귀함이 있는지라 17 왕의 어명이 이르는 각 지방, 각 읍에서 유다인들이 즐기고 기뻐하여 잔치를 베풀고 그날을 명절로 삼으니 본토 백성이 유다인을 두려워하여 유다인 되는 자가 많더라

chapter **8**

멸망의 날이 승리의 날로

페르시아 제국의 악한 총리대신 하만은 하나님의 심판으로 한순간에 처형당했다. 이스라엘의 원수 아말렉의 후예인 하만. 목적을 이루기 위해서라면 수단 방법 안 가리던 그는, 한날한시에 페르시아 제국 내에 있는 유다인 전부를 죽이려는 계획을 세우고, 왕의 재가까지 받아서 법으로 반포하여 거의 실현 단계까지 이르게 했던 악하고 교활한 인물이다.

그러나 하나님의 사람 에스더가 "죽으면 죽으리이다"의 각오로 기도하며 나아감으로 단 3일 만에 하만을 무너뜨리는 기적 같은 반전 드라마를 만들어 냈다. 이 장의 이야기는 바로 그다음부터 시작된다.

반전의 하나님, 회복의 하나님

그날 아하수에로 왕이 유다인의 대적 하만의 집을 왕후 에스더에게
주니라 에스더가 모르드개는 자기에게 어떻게 관계됨을 왕께 아뢰었
으므로 모르드개가 왕 앞에 나오니 에 8:1

왕이 처형당한 하만의 집을 에스더에게 주었다는 말은 단순히 하
만의 저택만을 주었다는 뜻이 아니다. 그의 모든 재산을 주었다는
뜻이자, 아울러 하만에게 속한 가족과 종들 모두를 처분할 수 있는
권한을 주었다는 뜻이다. 페르시아의 관례상 대역 죄인이 처형당하
고 나면 그 재산은 즉시 국가가 몰수하여 관리하게 되어 있었다(전제
군주 체제인 페르시아 같은 곳에서는 왕의 재산이 되는 것이다).

하만은 어마어마한 부자였으므로 왕은 당연히 그 재산을 탐낼 만
했다. 그런데 의외로 왕은 에스더에게 그 모든 재산을 하사했다. 참
으로 파격적인 결정이다.

아마도 왕은 자신이 하만에게 속아서 유다인 진멸 명령서에 아무
생각 없이 사인을 해줌으로써, 그간 왕후 에스더에게 마음고생시킨
것이 매우 미안했던 것 같다. 그래서 원수 하만의 모든 재산과 집안
사람을 다 에스더에게 맡겨서 어떻게든 에스더의 상한 마음을 풀어
주고 싶어 했던 것 같다.

에스더는 왕에게 감사를 표하면서, 이참에 모르드개가 자신을 어

릴 때부터 부모처럼 키워준 사촌오빠라는 사실도 왕에게 정직하게 말했다. 이미 하만이 처형된 마당에 더 이상 아무것도 숨길 필요가 없었다. 왕은 에스더와 모르드개가 친인척 관계임을 알고 깜짝 놀랐다. 안 그래도 5년 전 모르드개가 왕을 죽이려는 암살 음모를 사전에 알려준 은인임을 이제 막 알게 되어 고마운 마음이 가득하던 왕이었다. 고마움을 어떻게든 표시하기 위해 낮에는 하만을 말 시종 삼아 모르드개로 하여금 왕의 옷을 입고 왕의 말을 타고, 수산 성 모든 거리를 돌며 백성들의 칭송을 받게 했던 참이다.

그런데, 그 모르드개가 왕후 에스더의 사촌오빠라는 것이다. 왕은 놀라면서 동시에 기뻐했다.

'역시 이 집안은 내게 축복이구나'.

즉시, 모르드개에 대한 신임이 두 배로 증폭되었다. 저렇게 지혜롭고 선한 에스더를 어릴 때부터 입양하여 자식처럼 키워준 사람이라면 훌륭한 인물임이 틀림없었다.

에스더의 지혜로운 처신

왕은 즉석에서 파격적인 인사를 단행한다.

왕이 하만에게서 거둔 반지를 빼어 모르드개에게 준지라 에스더가 모르드개에게 하만의 집을 관리하게 하니라 에 8:2

왕은 하만에게 준 반지를 빼어 모르드개에게 주었는데, 이는 죽은 하만의 자리인 총리대신 자리를 모르드개에게 주었다는 뜻이다. 모르드개는 대궐 문지기에서 총리대신까지, 단번에 수십 계단이나 수직 상승했다. 절대 독재하는 전제군주 체제이니까 가능한 일이었지만, 하나님의 섭리라고밖에 할 수 없다. 사람의 노력으로는 수십 년 걸려도 안 될 일인데, 하나님이 역사하시니 단 한순간에 이루신다. 또한, 하만의 재산을 받음으로써 에스더는 순식간에 페르시아 최고의 부자가 되었다.

그러나 에스더는 이 갑작스런 성공을 너무나 지혜롭게 다루었다. 에스더는 왕이 자신에게 준 하만의 집을 다시 새 총리대신 모르드개에게 맡겨 관리하게 했다. 준 것이 아니라 '관리'하게 했다는 말을 주목하라. 또, 모르드개는 지금 막 새 총리대신으로 임명되었음을 기억하라. 따라서 모르드개에게 맡겨 관리하게 했다는 것은 하만의 재산을 국가에 귀속시켰다는 뜻이기도 하다.

에스더는 참으로 현명한 사람이다. 지금 막 자기에게로 돌아선 왕의 마음을 이용하여 개인적 욕심을 부리지 않았다. 하만의 큰 재산은 한 개인이 갖기에는 너무나 컸다. 특히 그리스 전쟁 패배 이후, 안 그래도 힘든 국가 경제 상황을 잘 알았던 에스더는 자기에게 은총을 내려준 왕에게 보답하고자 했다. 왕은 에스더의 마음 씀씀이에 감탄하고, 이 일로 인해 왕후 에스더를 더욱 사랑하게 되었을 것이다.

우리에게 힘이 주어졌을 때 욕심을 부려선 안 된다. 하나님은 개인의 욕심을 채우라고 우리에게 힘을 주시는 게 아니다. 성공을 잘 관리하지 못해 무너진 사람이 얼마나 많은가. 지혜로운 에스더는 절제하고 내려놓음으로, 갑자기 굴러들어온 성공 때문에 무너지지 않을 수 있었다.

반전의 축복

이렇게 악한 하만의 재산과 지위는 모두 에스더와 모르드개의 것이 되었다. 불의한 자들이 가졌던 것은 결국 하나님의 사람의 차지가 되고 만다. 하만이 수십 년 동안 수단 방법 안 가리고 노력해서 쌓아 올린 모든 것이 순식간에 에스더와 모르드개의 것이 되었다.

그가 비록 은을 티끌 같이 쌓고 의복을 진흙 같이 준비할지라도 그가 준비한 것을 의인이 입을 것이요 그의 은은 죄 없는 자가 차지할 것이며 그가 지은 집은 좀의 집 같고 파수꾼의 초막 같을 것이며
욥 27:16-18

그렇다. 악인들이 아무리 눈에 불을 켜고 남을 해코지하여 재산을 모은다 한들, 다 헛될 것이다. 하나님은 때가 되면, 악인들의 돈과 권력을 의인들의 창고로 옮기시는 분이다.

그러니 우리는 악한 사람들의 권세나 부를 부러워할 필요가 없다.

우리를 잠시 핍박하는 하만 같은 인간들 때문에 속상해할 것도 없다. 이 세상의 돈과 권력, 명예와 인기는 영원하지 않고 항상 다른 곳으로 옮겨간다. 그리고 그 흐름을 주관하시는 이는 하나님이시다. 그러므로 우리가 하나님과 동행하면서 선한 능력으로 승리하고자 한다면, 믿음으로 끝까지 기도하며 견뎌야 한다. 그러면 하나님께서 반드시 우리에게 반전의 축복을 주실 것이다.

눈물로 중보하는 에스더

왕이 파격적인 보상을 해주었지만, 에스더에게는 그런 것들보다 더 중요하게 해결해야 할 문제가 있었다.

> 에스더가 다시 왕 앞에서 말씀하며 왕의 발 아래 엎드려 아각 사람 하만이 유다인을 해하려 한 악한 꾀를 제거하기를 울며 구하니 에 8:3

악한 하만은 죽었으나 그가 작업해 놓은 사악한 법령(한날한시에 제국 내의 유다인들을 모두를 학살하고 그들의 재산을 탈취하라는 내용)은 아직도 시퍼렇게 살아 있었고, 그것은 이제 9개월 후면 효력을 발할 것이었다. 여러 번 언급했듯이 당시 페르시아 제국 전체의 인구는 1억 명 정도로 추정되며, 그중에 유다인들만 어림잡아 4백만 명 이상 정도 되었을 것이라고 학자들은 추정한다. 당시 페르시아 왕의 인이 찍혀서 반포된 법은 철회하는 것이 불가능했다. 뭔가 특단의 조치를 취하지 않으면 제국 내의 유다인은 9개월 후, 한날한시에 전멸당할 것이었다.

그래서 에스더는 다시 한번 왕 앞에 엎드려 울면서 자기 민족을 살려달라고 간구했다. 물론 에스더도 이미 반포된 조서가 철회되기란 불가능하다는 사실을 알고 있었지만, 그래도 죽음의 위기에 놓인 동족을 위해 그녀는 목숨을 걸고 간절히 애원했다.

> 내가 어찌 내 민족이 화 당함을 차마 보며 내 친척의 멸망함을 차마 보리이까 하니 에 8:6

이것은 형식적으로 부탁하는 것이 아니다. 에스더는 간절하고 진심 어린 마음으로 요청하고 있다. 민족의 고통을 자신의 것으로 동일시하는 것이다.

참 대단하다. 에스더는 돈, 명예, 권력, 인기, 뭐 하나 빠지지 않는 사람이었으며, 무엇보다 안전이 보장된 삶을 살 수 있었다. 없는 것이 없는 에스더였지만, 유다 민족이 어려움에 처해 있는 한 그녀에게는 기쁨이 없었고, 만족이 없었다. 그녀의 인생에서 가장 중요한 것은 개인의 성공이 아니라 자기 백성의 구원이었다. 그 문제가 해결될 때까지 에스더에게는 평안이 없었다. 그래서 그녀는 하나님 앞에 간절히 기도하며 그 일을 위해 모든 것을 던져 헌신했다. 이것이 바로 영적 리더의 모습이다.

　나는 이 모습을 보면서 이스라엘 백성들이 참 축복받은 백성이라고 생각되었다. 그들에게는 에스더처럼 그들을 위해 목숨을 걸고 중보기도한 지도자가 있었기 때문이다. 성경에 보면 이스라엘 백성들은 위기의 때마다 항상 그들을 위해 목숨 걸고 중보한 지도자들이 있었다.

　그 옛날 광야에서 패역한 이스라엘 백성들을 하나님이 멸망시키려 했을 때, 모세가 목숨을 걸고 막아서면서 자비를 구하며 중보한 덕에 그들은 살아났다.

　사무엘 선지자는 자기 평생에 자기 백성을 위하여 기도하기를 쉬는 죄를 범치 않겠다고 했었다. 페르시아 황제의 최측근 신하로 부러울 것 없이 살았던 느헤미야도 예루살렘에서 고통받고 있는 유다 민족을 위해 눈물로 기도했다. 바벨론 제국의 총리대신까지 올라간 다니엘은 항상 예루살렘을 향하여 기도하고, 21일을 금식하며 이스라엘을 향한 하나님의 뜻을 물었다.

　예수님께서도 이스라엘 백성을 위해 기도하시며 "예루살렘아 예루살렘아 … 암탉이 그 새끼를 날개 아래에 모음같이 내가 네 자녀를 모으려 한 일이 몇 번이냐"(마 23:37)이라고 탄식하셨다.

　우리를 위해 기도해주는 지도자의 우산 밑에 있는 것은 축복이다. 우리를 위해 기도해주는 부모님, 리더, 목회자의 권위 아래서 살아갈 때, 우리는 우리가 알지 못하는 천사들의 보호를 받고 하나님의 은혜를 누리게 된다.

아하수에로 왕의 해법

하만이 계획하고 반포했던 조서를 철회해달라는 에스더의 요청에 왕은 고민이 될 수밖에 없었다. 비록 자신이 하만에게 속아서였다고는 하나 이미 왕의 인이 처진 조서였기에 설령 왕 자신이라 할지라도 그것을 취소할 수는 없었다. 고민하던 그의 마음에 하나님께서 놀라운 대안을 넣어 주셨다.

아하수에로 왕이 왕후 에스더와 유다인 모르드개에게 이르되 하만이 유다인을 살해하려 하므로 나무에 매달렸고 내가 그 집을 에스더에게 주었으니 너희는 왕의 명의로 유다인에게 조서를 뜻대로 쓰고 왕의 반지로 인을 칠지어다 왕의 이름을 쓰고 왕의 반지로 인 친 조서는 누구든지 철회할 수 없음이니라 하니라 에 8:7,8

왕이 제시한 해법은 하만이 만들었던 법안을 무력화시킬 수 있는 새로운 조서를 쓰는 것이었다. "너희는 왕의 명의로 유다인에게 조서를 뜻대로 쓰고 왕의 반지로 인을 칠지어다"라는 말은 '너희(에스더와 모르드개)가 잘 고민하고 의논하여, 전의 조서가 시행되더라도 유다인들이 살아날 수 있는 새로운 조서를 써라. 너희가 무엇을 쓰든 내가 인을 쳐서 허락해주겠다'라는 말이다. 한마디로 백지 수표가 아닌 백지 법안에 왕의 이름을 사인해서 준 것이다. 이전 조서를 관례상 취소할 수는 없으나, 너희들이 살길을 스스로 찾으면 내가 전폭적으로 지원해주겠다는 것이다.

9절을 보면 모르드개가 왕이 준 권위로 새 법안을 공표하였을 때는 "시완월 곧 삼월 이십삼일"이라고 했다. 정확히 말해서 주전 474년 3월 23일이다(참고로 하만의 발의에 의해 만들어진 유다인 학살 조서는 1월 13일에 반포되었고, 에스더가 이 음모를 왕에게 전한 것은 3일 후인 1월 16일이다). 따라서, 그 후 두 달 하고도 열흘 정도가 지나서야 새 조서가 만들어진 것이다. 한시가 급한 상황에서 시간이 이렇게나 걸렸다는 것은 그만큼 에스더와 모르드개가 이 일을 신중하게 처리했다는 뜻이다. 그들은 심각하게 고민하고 기도하며 하나님의 지혜를 구하고 머리를 맞댔을 것이다. 여기서 우리는 배울 점이 있다.

지금 상황이 역전되어 에스더와 모르드개가 갑이 되었다. 그들은 왕의 전폭적인 지원을 받고, 제국의 왕후와 총리대신으로서 권력도 갖고 있었다. 하지만 이 일은 수백만 유다인의 운명이 걸린 중대한 일이었다. 거기다가 왕의 체면도 생각해야 했고, 지켜보는 페르시아 사람들의 눈도 생각해야 했다.

권력은 양날의 검이어서 잘못 다루면 오히려 휘두른 사람을 베일 수도 있다. 누가 봐도 가장 공평하고 정의롭게, 그리고 순식간에 일을 처리하지 않으면 오히려 이쪽이 역풍을 맞을 수도 있었다. 그러나 급할수록 돌아가라는 말이 있듯이, 현명한 에스더와 모르드개는 기도하며 신중히 성령의 지혜를 구하면서 일을 준비하였다. 우리도 이런 신중함을 배워야 한다. 특히 국가 지도자들은 나라의 중대한 결정을 앞두고 신중해야 하며, 우리는 그들을 위해 더욱 기도해주어야 한다.

모르드개의 새 법안이 공표되다

그렇게 해서 모르드개가 발의한 새 법안의 내용이 공표되었다. 하나님이 지혜를 주신 내용은 정말 기가 막혔다.

> 조서에는 왕이 여러 고을에 있는 유다인에게 허락하여 그들이 함께 모여 스스로 생명을 보호하여 각 지방의 백성 중 세력을 가지고 그들을 치려하는 자들과 그들의 처자를 죽이고 도륙하고 진멸하고 그 재산을 탈취하게 하되 에 8:11

왕이 처음 인을 쳤던, 한날한시에 유다인들을 죽이고 재산을 탈취해도 좋다는 조서를 취소할 수는 없었지만, 새 조서를 통해 유다인들이 서로 모여서 조직적으로 무장하고 그들을 지킬 수 있는 권한을 국가가 부여해주었다. 단순히 방어만 하는 것이 아니라, 그들을 죽이려는 자들을 오히려 역습하여 죽이고 재산을 탈취할 수 있는 권한까지 주었다.

전에는 유다인들을 죽일 수 있다고 하고, 이제는 유다인들이 자신들을 방어하고 오히려 대적자를 역습할 수 있는 권한을 주니, 참 앞뒤가 맞지 않는 아이러니한 상황이다. 이것이 다 한번 왕의 인이 찍힌 조서는 철회할 수 없다는 페르시아의 관례 때문에 생긴 모순이다. 하지만, 궁극적으로는 이게 훨씬 잘된 일이었다.

비록 우두머리 하만이 죽었다고는 하나, 페르시아 제국 곳곳에는 아직도 하만의 후광으로 권력을 잡은 자들이 많았다. 이들은 비록 지금은 잠시 고개를 숙이고 눈치를 살피고 있으나, 기회만 되면 유다인들을 죽이고 재산을 탈취하려는 악한 마음이 가득한 자들이었다. 이들을 모두 뿌리 뽑지 않으면 정권이 바뀌는 순간 유다인들에게 언제 다시 어떤 화가 닥칠지 몰랐다. 하지만, 하나님의 섭리로 한날한시에 이들을 모두 심판할 수 있는 기회가 주어진 것이다.

그렇게 수산 성에서만 8백 명, 그리고 페르시아 전역에서는 7만 5천 명이나 되는 원수들을 처단하게 된다. 아무리 하만이 죽었다고 해도, 만약 이들을 그대로 뒀더라면, 사울이 살려놓았던 아각의 자손들처럼 두고두고 유다인들의 앞날에 위협이 됐을 것이다. 하나님께서는 기회가 왔을 때 영적 전쟁을 확실히 마무리 짓기를 원하셨다. 그래서 우리와 우리 자손들의 미래를 지키기 원하셨다.

그리스도의 군대로서 영적 각성하라

유다인들이 이 엄청난 반격을 할 수 있게 한 12월 13일은, 원래 하만이 제비뽑기를 하여 유다인 진멸의 날로 결정한 날이었다. 그런데 하나님의 은혜로 기적같이 상황이 역전되어 이제는 유다인들을 죽이려 한 대적들을 심판하는 날로 바뀌었다. 전에는 죽음의 공포에 떨어야 했던 유다인들에게 이제는 그들을 위협하던 적들에게 원수를 갚을 수 있는 권세가 주어졌다. 기도와 금식의 영적 전쟁의 과정은 힘들다. 하지만, 일단 승리하고 나면 마귀를 압도하고 몰아낼 수 있는 영적 권세가 우리 것이 된다.

이 조서 초본을 각 지방에 전하고 각 민족에게 반포하고 유다인들에게 준비하였다가 그날에 대적에게 원수를 갚게 한지라 에 8:13

유다인들에게는 약 7,8개월 정도, 자신들을 방어하고 대적들을 죽일 준비를 할 시간이 주어졌다. 백여 년 전 포로로 끌려와서 오늘에 이르기까지, 유다인은 모두 각자 페르시아 안에 뿌리내리고 열심히 살아왔다. 지금껏 그들은 철저한 개인주의로 각자도생해오면서, 자신과 가족이 살아남는 데만 최선을 다했지, 한 민족으로서 하나로 뭉쳐 본 적은 없었다. 한 번도 함께 모여 이렇게 간절히 기도하고, 함께 살기 위해서 노력한 적이 없었다.

그러나 이번 사태로 인하여 그들은 자신들이 아무리 페르시아에서 오래 살아도 결국은 이렇게 한순간에 핍박받을 수 있는 이방인들임을 알게 되었다. 또 그 이유로 그들이 하나님의 백성이기 때문이란 사실과 세상 권세 뒤에 있는 마귀가 그들을 항상 죽이려 하기 때문이란 사실도 깨달았다. 그래서 오직 하나님께 함께 매달릴 수밖에 없었다. 이에 그들은 에스더의 제안으로 3일 밤낮을 함께 절박하게 금식기도했던 것이다. 그 결과, 그토록 막강하던 원수 하만이 한순간에 몰락하게 되었다.

그러나 아직은 상황이 완전히 종료된 게 아니었다. 이제 일의 완전한 마무리를 위해 8개월 동안 자신들을 지키고 대적들을 역습할 전투 준비를 갖추어야 했다. 시간이 없었다.

어제까지 철저하게 개인주의로 살던 그들이 이제 한마음 한뜻이 되어 하나로 뭉쳐야 했다. 하나님의 백성, 하나님의 군대가 되어 훈련받고 준비해서 전투를 치러야만 했다. 이제껏 세상에 적당히 동화되어 살아남는 데만 급급했던 그들은, 이제 세상에 대한 환상을 버렸다. 그리고 자신들이 세상을 이기신 하나님의 군대라는 사실을 확실히 깨닫게 되었다.

겁에 질려 축 처져 있던 그들의 눈에 다시 빛이 돌아왔다. 촌각을 아끼며 무기를 모으고, 전투 훈련을 받고, 전술을 짰다. 하나님께서는 하나님의 백성이 드디어 본연의 사자 같은 하나님의 군대의 모습을 회복해가는 이 시간을 흐뭇하게 지켜보셨을 것이다.

'그래, 그게 바로 너희 본연의 모습이야. 너희들은 새벽을 깨우는

사자들처럼 일어나야 할 나의 군대야.'

오늘날 교회 공동체도 정신을 차리고 각성해야 한다. 세상에 대한 환상을 버려야 한다. 여기는 우리의 영원한 집이 아니다. 여기는 긴장을 놓지 말아야 하는 무서운 영적 전쟁터다. 영적 긴장감 없이 세상과 동화되어 각자 자기 행복만 추구하며 사는 안일한 신앙생활을 해선 안 된다. 우리가 주님이 머리 되신 교회의 한 몸이라는 동지 의식을 가져야 하고, 주님의 군대로서 말씀과 기도의 훈련을 계속하여 영적 전쟁을 감당할 수 있게 준비해야 한다.

하나님이 베푸신 세 가지 반전

하나님은 도저히 뒤집을 수 없을 것 같은 게임을 순식간에 뒤집으시는 분이다. 에스더서는 그런 기적 같은 반전을 보여준다. 반전은 잃어버렸던 모든 것의 회복을 가져온다. 특히 본문에서 그것을 확실히 볼 수 있다.

첫 번째 반전은 경제적 회복이다.

하나님께서는 하만이 악한 방법으로 축적해놓았던 전 재산을 하나님의 사람 에스더에게 주셨다.

두 번째 반전은 권력의 회복이다.

하나님께서는 하만 대신 모르드개를 새 총리대신의 자리에 올리심으로써 하만의 권력을 하나님의 사람인 모르드개에게 주셨다. 왕이 하만에게서 빼앗아 모르드개에게 준 반지는 어디서든 왕의 권위를 행사할 수 있는 권력의 도장 반지다.

세 번째 반전은 법적 회복이다.

한날한시에 유다인을 다 죽이라는 하만의 교서는 취소될 수 없었지만, 그 조서의 내용을 무력화시킬 수 있는 새 교서가 다시 반포되었다. 모든 법적 권리를 박탈당한 채 무기력하게 죽을 날만 기다릴 수밖에 없던 유다인들은, 이제 자신들을 방어하고 대적들을 공격할 수 있는 엄청난 법적 지위를 갖게 되었다. 하나님께서는 마귀가 우리를 죽이려고 놓은 덫을, 거꾸로 마귀를 잡는 덫으로 바꾸시는 분이다. 약한 나를 강하게 하실 수 있는 분이다.

지금 우리를 힘들게 하는 그 사람이 절대 갑이라고 생각하지 말라. 하나님께서는 한순간에 입장을 바꿔 놓으실 수 있는 분이다. 그어떤 세상의 힘을 가진 사람도 하나님과 동행하는 사람의 인생을 함부로 망가뜨릴 수는 없다. 지금 우리가 처한 상황이 매우 복잡하고 힘들 수 있다. 하지만 우리 운명의 최종 결정권자는 눈에 보이는 그 사람이 아니라 하나님이심을 믿어야 한다.

기쁨의 소식이 빠르게 전해지다

아하수에로 왕의 명의로 쓰고 왕의 반지로 인을 치고 그 조서를 역

졸들에게 부쳐 전하게 하니 그들은 왕궁에서 길러서 왕의 일에 쓰는
준마를 타는 자들이라 에 8:10

새로운 조서가 완성되자 그 잉크가 마르기도 전에 왕의 역졸들이
말을 타고 그것을 전할 준비를 끝내고 있었다. 원래부터 페르시아는
잘 조직된 통신 제도로 유명했다.

왕에 의해서 조서가 반포되면, 왕궁에 대기하던 파발병들이 그 조
서를 가지고 말을 타고 일제히 각 도로 달려가게 된다. 이 말들은 페
르시아에서 가장 빠르게 달리는 준마들이며, 기수들도 최고의 병사
들이다. 또, 중간중간에 그다음 새로운 기수들과 말들이 릴레이로
이어받아 바로바로 전달했기 때문에, 정말 빠른 속도로 제국 곳곳에
메시지가 전달될 수 있었다. 그렇게 조서를 받으면 각 도의 행정관들
이 다시 그 조서를 방으로 붙여 알리게 되는 것이다.

그런데 이번에 모르드개가 만든 새로운 조서가 제국 전역에 반포
되기까지의 소요 시간은, 이전에 하만의 조서가 반포될 때보다 훨씬
짧았던 것 같다. 최고권력층의 전폭적인 지지가 있었기 때문이다.

왕의 어명이 매우 급하매 역졸이 왕의 일에 쓰는 준마를 타고 빨리
나가고 그 조서가 도성 수산에도 반포되니라 에 8:14

우리는 여기서 새 총리대신 모르드개가 정말 이 일이 화급을 다투

는 일이라고 믿고, 가장 빠른 말을 탄 전령들을 제국 곳곳으로 보냈음을 느낄 수 있다. 제때 이 놀라운 축복의 소식이 전해지지 않으면 그 지역의 유다인들은 이전에 받았던 죽음의 명령에 눌려서 꼼짝없이 멸망할 것이었다.

또, 아무리 시간이 아직 8개월이나 남았다지만, 하루 속히 이 기쁜 소식을 접해야 유다인들이 죽음의 공포에 시달리는 정신적 고통에서 벗어날 수 있었다. 그래서 모르드개는 더욱 빨리 전령들을 재촉해서 달려가게 한 것이다. 왕의 전령이 축복의 소식을 가지고 그들에게 도착하는 그 순간, 그들은 죽음의 권세에서 해방되며 기쁨과 자유를 누리게 될 것이다.

교회가 하나님을 모르는 사람들에게 복음을 전할 때도 비슷한 상황이 아닐까? 주님께서 언제 다시 오실지 모르는데, 우리가 이렇게 느긋하게 전도하고 선교해서는 안 될 것 같다. 우리에게는 죽음의 권세에서 그들을 자유케 할 복음이 있다. 우리는 가장 신속하게, 가장 부지런하게 그 복음을 세상 끝까지 전해야 한다. 하나님은 전도하고 선교하는 우리의 발걸음을 세상에서 가장 귀하게 보신다.

좋은 소식을 전하며 평화를 공포하며 복된 좋은 소식을 가져오며 구원을 공포하며 시온을 향하여 이르기를 네 하나님이 통치하신다 하는 자의 산을 넘는 발이 어찌 그리 아름다운가 사 52:7

승리하는 자들에게 주어지는 보상

모르드개가 푸르고 흰 조복을 입고 큰 금관을 쓰고 자색 가는 베 겉옷을 입고 왕 앞에서 나오니 수산 성이 즐거이 부르며 기뻐하고

에 8:15

왕은 최대한 화려하고, 장엄하게 새 총리대신 모르드개의 취임식을 만백성 앞에서 거행해주었다. 본문의 문맥으로 볼 때, 새 조서를 전국에 보낸 직후, 그러니까 하만이 죽고 왕이 그 자리를 모르드개에게 준 뒤, 두 달쯤 지나서 이런 공식적인 취임식이 이뤄진 것 같다.

유다인들이 스스로를 지킬 수 있다는 새 조서는 수산 성에 가장 먼저 반포되었다. 곧이어 처형당한 악한 하만 대신 지혜롭고 충성된 모르드개가 새 총리대신이 되었다는 소식에, 모든 수산 성 사람들은 열광적으로 기뻐했다.

사실 유다인뿐 아니라 수산 성 사람들이 전부 이번 새 총리인사를 기뻐했다는 것은, 에스더와 모르드개가 그만큼 백성들의 신망을 얻고 있었다는 방증이다. 동시에 하만을 중용하고 하만의 뜻대로 국정을 운영하던 때가 얼마나 사람들을 힘들게 하고 있었는지를 말해주기도 한다. '이제야 우리 왕이 사람을 제대로 쓰는구나'라고 사람들이 생각하며 박수를 친 것이다.

의인이 형통하면 성읍이 즐거워하고 악인이 패망하면 기뻐 외치느니라 잠 11:10

이번 장의 이야기를 처음 하만이 유다인 학살 조서를 반포했을 때의 수산 성 분위기와 비교해 보라. 그때는 "수산 성은 어지럽더라"(에 3:12-15)라고 했다. 사람들이 충격과 공포에 사로잡혀 어쩔 줄 몰라 했다는 얘기다. 유다인들뿐 아니라, 다른 페르시아 사람들도 그랬다는 뜻이기도 하다. 이해할 수 없을 정도의 악한 통치가 벌어지면 세상이 그렇게 된다. 그러나 악인이 심판받고 하나님의 사람이 그 자리를 채워서 역사의 중심에 서게 되면, 세상이 밝고 건강하게 변한다.

유다인에게는 영광과 즐거움과 기쁨과 존귀함이 있는지라 에 8:16

무엇보다도 당시 유다인들이 느꼈던 기쁨과 감격은 이루 말할 수가 없었다. 특히 수산 성의 유다인들은 에스더, 모르드개와 함께 "죽으면 죽으리이다"의 각오로 3일 금식하며 하나님께 부르짖었던 기도의 동지들이었다. 그들은 하나님이 그들의 기도에 응답하셔서 이렇게 감격스러운 결과를 주신 것에 너무나 감사했다.

하나님께서는 성도들의 눈에서 모든 눈물을 닦아주시는 분이다. 그래서 그들에게는 하늘의 기쁨이 충만했다. 영적 전쟁은 힘들지만, 그로 인한 승리의 기쁨은 엄청난 것이다. 영적 전쟁에서 승리한 사람만이 알 수 있는 거룩한 기쁨, 그것이 우리의 것이 되기를 바란다.

영적 전쟁에서 믿음으로 승리를 선포하라

왕의 어명이 이르는 각 지방, 각 읍에서 유다인들이 즐기고 기뻐하여
잔치를 베풀고 그날을 명절로 삼으니 본토 백성이 유다인을 두려워
하여 유다인 되는 자가 많더라 에 8:17

여기서 명절로 삼은 '그날'은, 후에 있을 악인들의 심판의 날을 가
리킨 것이 아니라, 왕의 새로운 조서가 반포된 날을 가리키는 것이
다. 8개월 뒤에 이뤄질 승리이지만, 이미 그들은 믿음으로 승리를 선
포하며 거룩한 축제를 벌이기 시작했다. 유다인 구원의 소식이 도착
하는 곳마다 이런 축제가 벌어졌다.

우리도 마찬가지다. 아직 세상의 종말은 오지 않았지만, 이미 주
님은 십자가에서 승리하셨다. 그 승리의 소식이 바로 복음이다. 복
음이 전파되는 곳마다 거룩한 영적 축제가 벌어질 것이다. 복음을 받
는 성도들은 이제 믿음으로 다가올 승리가 자신의 것임을 선포한다.
죽음의 권세에서 자유했음을 선포한다. 그때, 가슴 속에 기쁨과 평
화가 온다.

더 놀라운 일은 그 다음부터다. "본토 백성이 유다인을 두려워

하여 유다인 되는 자가 많더라"라는 말은 혈통적으로 유다인이 아닌 이방인들이 할례를 받고 하나님을 믿겠다면서 유다 민족으로 귀화한 사례가 많아졌다는 뜻이다. 많다고만 했지, 정확히 어느 정도인지는 알 수 없지만 전국에 흩어져 있던 유다인의 수를 감안할 때, 적어도 개종자가 수십만은 되었을 것이다. 이는 에스더와 모르드개로 인하여 유다인의 지위가 페르시아 내에서 급상승했기 때문일 것이다.

정상적인 상황에서 수십만의 사람들이 하나님을 믿는 일이 어찌 가능했겠는가. 그것도 부족함이 없는 당시 세계 최강대국 페르시아에서 말이다. 생각해보니, 어쩌면 이 또한 고난을 허락하신 하나님의 크신 섭리 가운데 하나였는지도 모른다. 하나님께서 우리로 하여금 마귀의 영적 공격과 싸우며 고난을 겪게 허락하시는 것은, 우리가 믿음으로 이 싸움을 이겨냄으로써 수많은 잃어버린 탕자들이 하늘 아버지의 품으로 돌아오게 하기 위함인 것이다.

전도하고 선교하려면 교회가 강해야 한다. 예배가 강해야 하고, 말씀과 기도가 강해야 한다. 그래야 영적 전쟁에서 승리할 수 있고, 그래야 잃어버린 영혼들이 영적 매력을 느끼고 교회로 올 수 있다. 영적 전쟁과 영적 승리가 주는 가장 위대한 열매는, 잃어버린 영혼들이 다시 하나님을 믿고 교회로 돌아오는 일이다.

에스더와 모르드개는 연약했지만, 뒤로 물러나지 않고 오직 믿음으로 담대히 거대한 악과 맞섰다. 오직 기도로 그 무서운 장벽을 정면 돌파했다. 하나님께서는 믿음의 사람을 통하여 역사하시고, 승리를 주신다. 우리도 그렇게 할 수 있다.

에스더 9:1-32

1 아달월 곧 열두째 달 십삼일은 왕의 어명을 시행하게 된 날이라 유다인의 대적들이 그들을 제거하기를 바랐더니 유다인이 도리어 자기들을 미워하는 자들을 제거하게 된 그 날에 2 유다인들이 아하수에로 왕의 각 지방, 각 읍에 모여 자기들을 해하고자 한 자를 죽이려 하니 모든 민족이 그들을 두려워하여 능히 막을 자가 없고 3 각 지방 모든 지방관과 대신들과 총독들과 왕의 사무를 보는 자들이 모르드개를 두려워하므로 다 유다인을 도우니 4 모르드개가 왕궁에서 존귀하여 점점 창대하매 이 사람 모르드개의 명성이 각 지방에 퍼지더라 ⋯ 18 수산에 사는 유다인들은 십삼일과 십사일에 모였고 십오일에 쉬며 이날에 잔치를 베풀어 즐긴지라 19 그러므로 시골의 유다인 곧 성이 없는 고을고을에 사는 자들이 아달월 십사일을 명절로 삼아 잔치를 베풀고 즐기며 서로 예물을 주더라 20 모르드개가 이 일을 기록하고 아하수에로 왕의 각 지방에 있는 모든 유다인에게 원근을 막론하고 글을 보내어 이르기를 21 한 규례를 세워 해마다 아달월 십사일과 십오일을 지키라 ⋯ 32 에스더의 명령이 이 부림에 대한 일을 견고하게 하였고 그 일이 책에 기록되었더라

chapter 9

하나님이 주신 구원의 기쁨

페르시아 제국의 모든 유다인들을 한날한시에 죽이려 했던 악한 하만은 처형당했다. 하지만 그가 왕의 재가를 받아내 공표한 법안의 효력은 아직 살아 있었다. 아무리 악한 하만에게 속아서 찍은 것이라고 해도 왕의 인(印)이 찍힌 이상 그 법안을 이제 와서 폐기할 수 없었다.

그럼에도 에스더는 어떻게든 유다인들의 목숨을 구해달라고 왕에게 탄원했다. 이에 왕은 에스더와 모르드개에게 유다인들의 목숨을 지킬 수 있는 새 법안을 쓰라고 했다. 그러면 자신이 왕의 인을 찍어 시행되게 하겠다는 것이다. 기적 같은 하나님의 은혜의 섭리였다.

그렇게 약 두 달의 기도와 준비를 거쳐서 모르드개가 주도한 새로운 법안이 발표되었다. 그것은 유다인들에게 자신들의 대적에 맞서 자신을 지킬 무기를 준비하고, 하만이 추진했던 첫 번째 법령 시행 당일에 대적을 오히려 공격하고 그들의 재산까지 탈취할 수 있는 권한을 주는 법이었다.

앞 장에서 강조했듯이, 이렇게 된 것이 궁극적으로는 더 나은 일이었다. 만약 하만이 추진했던 유다인 학살 법안을 철회하는 정도만 했다면, 여전히 남아 있는 하만의 잔여 세력들이 훗날 언제 다시 발톱을 드러낼지 모를 일이었다. 그들의 세력이 정확히 얼마나 되는지, 어디에 숨어 있는지도 알 수 없었다.

그러나 두 번째 법안이 시행되면, 유다인의 대적들을 한꺼번에 수면 위로 드러나게 해서 일시에 뿌리 뽑을 수 있게 된다. 후환이 사라지는 것이다. 하나님은 항상 실수가 없이 행하시는 분이다!

그날의 반전

아달월 곧 열두째 달 십삼일은 왕의 어명을 시행하게 된 날이라 유다인의 대적들이 그들을 제거하기를 바랐더니 유다인이 도리어 자기들을 미워하는 자들을 제거하게 된 그날에 에 9:1

여기서 '그날'이라는 말이 중요하다. 모든 날이 다 중요하지만, 사람의 운명, 혹은 한 가정이나 기업, 한 민족이나 나라의 운명이 바뀌는 날이 있다. 지금 페르시아 제국에 있는 유다인들에게는 이날, 곧 12월 13일이 바로 '그날'이다.

악한 권력자 하만이 페르시아 제국 내의 유다인 전부를 학살하기로 계획해놓은 그날. 예정대로라면 그날은 죽음의 날이요 저주의 날이었다. 그러나 하나님께서는 기적 같은 반전을 이뤄내셨다. 유다인들은 오히려 살아남아 승리하고, 그들을 죽이려던 대적들이 거꾸로 멸망했다! 혹시 지금 '이건 내 인생 최악의 날이 될 것 같다'라는 두려운 날이 다가오고 있는가? 에스더와 모르드개의 하나님이 당신의 하나님이심을 믿으라. 하나님께 엎드려 간절히 기도하라. 주님께서는 최악의 날을 최고의 날로 바꾸실 것이다.

하나님이 안 계신 것처럼 보였지만, 하나님은 항상 그곳에 계셨다. 에스더와 모르드개에게 권력이 주어진 뒤에도 하나님은 8개월의 시간을 기다리셨다가 바로 이날에 유다인들의 대적을 한꺼번에 심판하셨다. 하나님께서는 우리를 구원하실 뿐 아니라 우리의 대적을 멸하시기 위해 때와 장소를 준비하고 기다리신다. 한 치의 실수나 주저함도 없으시다.

하나님은 하나님의 백성들이 '마귀의 공격에서 간신히 살아남는 생존' 정도에 머무르기를 원치 않으신다. 그러면 마귀의 기세가 살아 있게 된다. 최선의 방어는 공격이라고 했다. 마귀가 공격해 올 때 성 안에 웅크려 숨지 말고, 정면 돌파로 반격하여 치고 나가서 오히려 마귀의 세력을 붕괴시켜야 한다. 그래야 다시는 우리를 같은 방식으로 괴롭힐 엄두를 못 낼 것이다. 즉, 교회는 생존이 아니라 승리를 목표로 삼아야 하고, 현상 유지가 아니라 부흥을 꿈꿔야 한다.

유다인들이 함께 힘을 합쳐 대적들로부터 자신들을 지키고, 오히려 반격할 수 있다는 법안이 공표된 뒤로 약 8개월 정도의 시간이 지났다. 이 말은 에스더서 8장과 9장 사이에 약 8개월 정도의 시차가 있다는 뜻이다. 그리고 드디어 그해 12월 13일, 이 법안이 시행되는 디데이(D-DAY)가 임했다.

반전의 그날을 위해 준비하라

지난 8개월 동안 유다인들은 가만히 손 놓고 앉아서 기다리지 않았다. 그들은 먼저 하나로 뭉쳤다. 2절에 보면 "유다인들이 아하수에로 왕의 각 지방, 각 읍에" 모였다고 했다. 악의 세력에 맞서 이기기 위해서는 하나님의 사람들이 반드시 하나가 되어 모여야 한다. 이전처럼 뿔뿔이 흩어져서 나만 잘살면 된다는 식으로 살아선 안 된다. 이 시대의 성도들도 마찬가지다. 성도들이 반드시 한마음 한뜻이 되어 기도하고 힘을 모아야 이 위기의 시대에 영적 전쟁에서 승리할 수 있다.

하나로 뭉친 그들은 있는 재산을 다 털어서 무기를 사고, 함께 모여서 군사훈련도 받으며 작전도 짰다. 즉, 디데이를 맞을 만반의 준비를 하는 시간이었다.

하나님이 승리를 약속하셨다고 해서 우리가 아무 일도 하지 않고 그것을 누릴 수 있다고 생각해선 안 된다. 하나님의 은혜로 살길이 열렸다 해도 우리가 해야 할 책임을 다하지 않으면 안 된다.

에베소서는 "세월을 아끼라 때가 악하니라"(엡 5:16)라고 했다. 우리는 그리스도의 군대다. 다가올 영적 전쟁에 대비하여 항상 무기를 점검하고 훈련을 게을리하지 말아야 한다. 세상에서 즐길 것 다 즐기면서 낭비할 시간이 없다. 우리가 복음을 전해야 할 잃어버린 영혼들이 국내외에 지천이고, 우리가 양육하고 도전해주어야 할 성도들이 많으며, 함께 중보기도해야 할 기도제목들도 많다.

마지막 때를 사는 우리는 주님이 다시 오시기까지 얼마 안 남은 시간을 낭비하지 말아야 한다. 하루하루 거룩하고 지혜롭게 살아야 한다. 철저히 준비하며 영적 내공을 쌓아야 한다. 그래야 결정적인 순간 디데이가 왔을 때 힘을 발휘할 수 있다. 흘려야 할 영적인 땀을 흘린 자들만이 영적 승리의 기쁨에 동참할 수 있다.

달라진 분위기

유다인들이 이렇게 땀 흘리며 준비할 때, 하나님께서는 뒤에서 놀랍게 역사하시며 페르시아의 나라 분위기를 완전히 바꾸셨다. 2절에 보면 "모든 민족이 그들을 두려워하여 능히 막을 자가 없고"라고 했다. 여기서 '두려워한다'라는 말은 존경하고 함부로 대하지 못하게 되었다는 뜻이다.

페르시아에 사는 수많은 민족 가운데서 유다인들은 지금까지 가장 천대받는 민족 중에 하나였다. 그런데 하루아침에 모든 이의 두려움의 대상이 되었다. 이는 에스더와 모르드개로 인해 페르시아 왕이 유다인들을 높이고 그들에게 힘을 실어주었기 때문이다. 모두 하나님께서 하신 일이었다.

이때까지 개인주의로 살던 유다인들은 이제 에스더와 모르드개의 리더십을 따라 하나가 되어 뭉쳤다. 그렇게 함께 기도하고 예배하는 공동체가 되어 영적 전쟁을 준비하자, 세상이 그들을 두려워하게 되었다. 마찬가지로 교회와 성도들도 예수님을 중심으로 함께 기도하고 예배한다면, 주님의 십자가 승리로 인한 영적 권세가 우리에게 새롭게 주어질 것이다. 그러면 세상이 교회를 존경하고 두려워하게 될 것이다. 교회가 영적으로 살아나야 세상의 존경을 받는다.

나라의 분위기가 이렇게 바뀌자 유다인들은 마치 순풍에 돛을 단 듯 다가올 디데이를 준비할 수 있게 되었다.

각 지방 모든 지방관과 대신들과 총독들과 왕의 사무를 보는 자들이 모르드개를 두려워하므로 다 유다인을 도우니 모르드개가 왕궁에서 존귀하여 점점 창대하매 이 사람 모르드개의 명성이 각 지방에 퍼지더라 에 9:3,4

여기서 '돕다'는 말은 유다인들의 위상을 높여 정신적인 도움을 베풀었을 뿐 아니라 물적, 인적 자원도 아끼지 않았다는 뜻이다. 이렇게 모든 정부 조직의 공무원들이 자발적으로 나서서 유다인들을 물심양면으로 돕게 된 데는 모르드개의 역할이 컸다. "모든 지방관과 대신들과 총독들와 왕의 사무를 보는 자들이 모르드개를 두려워"했다고 했는데, 이것은 단순히 총리대신인 그의 권력이 무서웠던 게 아니다. 그것은 그 옛날 하나님의 지혜와 권위로 가득 찼던 애굽의 총리대신 요셉처럼, 모르드개 역시 하나님이 주신 지혜와 권위로 지난 열 달 동안 총리대신의 일을 너무나 잘 감당했기 때문이다.

처음에는 낙하산 인사라고 수군거리던 사람들도 모두 모르드개의 실력과 인품을 인정하게 되었다. 그런데다가 죽음의 위기에서 왕을 구한 공로로 왕의 전폭적인 신임도 받고 있고, 슬기로운 왕후 에스더의 사촌오빠라는 사실이 그에게 더욱 힘을 실어주었다.

대반격의 날

드디어 12월 13일, 운명의 날이 밝았다.

유다인이 칼로 그 모든 대적들을 쳐서 도륙하고 진멸하고 자기를 미워하는 자에게 마음대로 행하고 유다인이 또 도성 수산에서 오백 명을 죽이고 진멸하고 에 9:5,6

성경이 자세히 말하진 않지만, 유다인들은 가만히 있는 죄 없는 사람들을 죽인 게 아니다. 처음부터 악한 동기를 가지고 중무장한 채 자기들을 죽이려 했던 하만의 남은 추종 세력과 전투를 벌인 것이다.

오늘날 영적 전쟁에 임하고 있는 우리도 그래야 한다. 우리를 공격하는 마귀의 세력으로부터 도망하지 말고 담대히 맞서서 십자가의 권세로 싸워 승리해야 한다.

악하고 끈질긴 대적들이 공격해 왔지만, 유다 백성들은 서로 함께 준비하고 단결하여 물리쳤다. 어둠의 권세가 강하게 공격해 와도 우리가 하나가 되어 함께 기도하며 맞서 싸우면 능히 승리할 수 있다. 이미 승리하신 예수님의 보혈의 공로가 우리에게 있으며, 하나님께서 우리 편이 되어주신다고 약속하셨는데 무엇이 두렵겠는가!

하지만, 악의 세력은 결코 만만치 않다. 왕후 에스더와 총리대신인 모르드개가 유다인이다. 왕도 그들을 총애하며 적극적으로 지지하고 있어서 지난 8개월 동안 모든 페르시아인의 마음이 돌아서고 분위기가 바뀐 상황에서도, 아직도 도성 수산에 5백 명이나 되는 대적들이 유다인을 죽이려고 기세등등했다는 사실이 놀랍다. 처형당한 하만의 아들들이 복수심에 불타서 그들을 이끌고 있었기 때문이었을 것이다.

7-9절에 나오는 열 명의 이름은 다 하만의 아들들의 이름이다.

또 바산다다와 달본과 아스바다와 보라다와 아달리야와 아리다다

와 바마스다와 아리새와 아리대와 왜사다 에 9:7-9

하만의 열 아들의 이름이 도성 수산에서 죽임 당한 5백 명과 함께 기록되었다는 것은, 그들이 체포되어 처형당한 것이 아니라 이날 싸움 중 죽임당했음을 뜻한다. 그들은 아버지 하만이 지은 죄에 대한 반성이 전혀 없었다. 오히려 하만이 죽은 데 대해서만 원한을 품고 8개월 동안 나름 사람들을 모아서 유다인을 죽일 준비를 하고 있었던 것이다.

사실 모든 음모의 주동자였던 하만이 처형당하고, 또 유다인들이 스스로를 지킬 수 있다는 왕의 새로운 조서까지 공표된 상황이라면, 어지간해서는 유다인 학살 계획을 그만 포기했어야 한다. 그러나 그들은 끝내 야욕을 버리지 않고 유다인들을 향한 공격을 감행했다. 이는 그들이 회개를 모르는 악한 대적들이라는 얘기다.

마찬가지로, 예수 그리스도의 십자가 사건으로 인해 사탄은 이미 패배했다. 그런데도 사탄은 여전히 하나님나라를 무너뜨리려고 성도들을 해하기 위해 발버둥 치고 있다. 그러나 이것은 패배가 결정된 이들의 마지막 발악이다. 그러니 우리는 주눅 들지 말고 강하고 담대하게 선한 싸움을 싸워야 한다.

끝까지 싸우라

그렇게 그날 저녁 해가 떨어질 때쯤, 미리 치밀하게 준비한 유다인 들의 활약으로 도성 수산에서만 하만의 아들들을 포함한 5백 명의 대적을 섬멸했다는 보고가 왕에게 들어갔다. 동시에 페르시아 전역 에서 똑같은 일들이 벌어지고 있었다. 이에 왕은 에스더에게 아직 더 원하는 것이 있다면 들어주겠다고 한다. 그러자 에스더는 두 가지 중요한 부탁을 한다.

에스더의 첫 번째 요청은 전투 중에 이미 죽임당한 하만의 열 아들 의 시체를 나무에 매달아 모든 사람이 보게 해달라는 것이었다. 그것 은 하만의 세력을 토벌한 유다인들 뒤에는 페르시아 왕의 절대적 지 지가 있었다는 사실을 만천하에 알리기 위함이었다. 이는, 아직도 숨 어 있는 대적들을 향해 다시는 일어설 꿈도 꾸지 말라는 강력한 경고 가 되었을 것이다.

두 번째로 에스더는 왕에게 하루만 더 대적들을 심판할 수 있는 시 간을 달라고 요청한다. 원래 새 법안에 따르면 12월 13일 단 하루 동안만 대적들을 심판할 수 있었다. 그러나 에스더는 왕에게 수산 성에 한해서 하루만 더 대적들을 심판할 수 있는 시간을 달라고 요청 했다.

아마 이때는 13일 저녁 시간쯤 되었을 것이다. 그날 종일 수산 성 안에서 치열한 전투가 벌어졌고, 왕궁에 있는 에스더와 모르드개에 게 시시각각 상황 보고가 들어왔을 것이다. 그런데 저녁때가 되었는데도 아직 일이 마무리되지 않았다. 수산 성에는 특히 하만의 추종 세력이 많아서 하루 만에 다 소탕하는 것이 불가능했다. 적의 세력이 생각보다 많았던 것이다. 에스더는 하루의 시간을 더 받아서 이들을 완전히 뿌리뽑기를 원했다.

그 옛날 약속의 땅에서 여호수아가 기도하여 아얄론 골짜기의 해와 달을 멈추어 놓고 적을 끝까지 섬멸하던 때가 떠오른다(수 10:12,13 참조). 영적 전쟁은 한번 시작하면 흐름을 끊지 말고 끝까지 마무리해야 한다. 성경은 "선한 싸움을 다 싸우고, 달려갈 길을 마치고"(딤후 4:7, 새번역) 믿음을 지키라고 하지 않았는가. '다 싸우다'라는 말은 끝까지 싸우라는 말이다. 일단 시작하고 보면 적이 생각보다 크고 강할 때가 있는데, 이때 멈추지 않고 끝까지 싸워야 한다.

그리고 에스더의 선택은 옳았다.

아달월 십사일에도 수산에 있는 유다인이 모여 또 삼백 명을 수산에서 도륙하되 그들의 재산에는 손을 대지 아니하였고 에 9:15

이미 첫날 5백 명이나 되는 대적들이 수산 성에서 죽임을 당했는데, 다음날 3백 명이나 더 죽였다는 사실은 그만큼 하만의 추종 세력이 수산 성에 많았음을 뜻한다. 마귀는 이렇게 생존력이 끈질기다. 만약 에스더가 왕에게 하루의 시간을 더 연장받지 않았다면 2,3백 명의 잔당들은 그대로 살아남아서 훗날 두고두고 화근이 되었을 것이다.

그뿐만이 아니다. 그날 그렇게 이틀에 걸쳐서 수산 성뿐 아니라 페르시아 전역에서 도륙한 대적의 숫자가 무려 7만 5천 명이나 되었다. 실로 어마어마한 무리가 아닐 수 없다. 하만의 추종자들은 그들의 우두머리인 하만이 사라졌는데도 포기하지 않고 유다인들을 죽이려고 끝까지 달려들었다. 이 악독한 무리가 그렇게 많았다는 사실이 참으로 놀랍기 짝이 없다.

우리는 방심하지 말아야 한다. 하나님의 사람과 교회를 공격하려는 악한 어둠의 세력은 우리가 생각하는 것보다 크고 많으며 집요하다.

욕심을 버리고 사랑을 나누다

한 가지 우리가 주목할 부분이 있는데, 본문에 보면 "그들의 재산에는 손을 대지 아니하였"다는 말이 세 번이나 거듭 강조된다(에 9:10, 15, 16). 유다인들이 대적을 섬멸한 뒤에 그들의 재산에는 손을 대지 않았다는 사실을 왜 이렇게 강조할까?

분명히 새 법안에 따라 유다인들은 대적들과 맞서 싸우고 그들의 재물까지 탈취할 수 있는 권한이 주어졌음에도 불구하고 그렇게 하지 않았다. 유다인들의 목적은 재물을 빼앗는 데 있지 않았기 때문이다. 어쩌면 그들은 오래전 사울 왕이 하만의 조상인 아말렉 족속에게 승리한 뒤, 그들의 재물을 탐내다가 그들의 수장을 살려놓는 죄를 저

질렀던 것을 떠올렸을지도 모른다. 사울이 속했던 베냐민 지파의 후예인 모르드개와 에스더는 조상들이 잘못한 과거를 이제 다시 고쳐 놓고 싶었다.

교회나 성도가 승리한 뒤에, 타락하고 무너지는 중요한 이유 중의 하나가 돈 문제다. 우리가 영적 전쟁을 할 때 이 문제에서 깨끗하지 않다면 마귀에게 빌미를 주게 된다. 교회가 가난하고 핍박받던 시절에는 문제 없다가 교회에 힘이 생기고 부유해질 때 돈 욕심으로 시험에 드는 경우가 허다하다. 교회의 역사를 살펴보면, 교회가 국가 이상의 힘을 가졌던 중세 교회 당시 이런 문제가 제일 심각했다. 영적 전쟁에서 승리하려면 교회가 깨끗해야 한다. 욕심을 버려야 한다.

유다인들은 대적의 재물에 손을 대지 않은 정도에서 멈추지 않았다. 17-19절에 보면 그들은 승리를 자축하며 잔치를 벌였는데, 잔치를 즐기며 서로에게 예물을 주었다고 한다. 대적에게서 빼앗은 재물을 나눈 것이 아니었다. 대적의 재물엔 손대지 않았기 때문에 나눌 전리품도 없었다. 그들은 자신들이 이미 가지고 있던 것들을 나누었다. 명품 보화들이 아니다. 여기서 '예물'은 가지고 있던 양식과 생활 필수품들이 대부분이었다. 환난을 면한 유다인들이 구원을 기념하는 뜻에서 이미 자신들이 가지고 있던 것들을 그 소유 정도에 따라 일정량을 떼어 피차 흔쾌히 나눠 가진 것이다.

이때껏 한 번도 그런 적이 없던 유다인들이 왜 자발적으로 이런 사랑의 나눔을 하게 되었을까? 그들은 지난 8개월 동안 함께 금식하며 기도했고, 함께 모여서 무기를 준비하고 훈련하며 동고동락의 세월을 보냈다. 그러면서 서로 정이 들었고, 서로의 형편에 대해 알게 되었다. 그동안 이국땅에 살면서 각자 자기 먹고 살기도 바쁜 개인주의의 삶을 살다가, 비로소 이웃에게 눈을 돌리게 된 것이다.

환난과 역경 속에서 함께 영적 전쟁을 치른 이들 사이에 전우애가 싹텄다. '우리는 같은 하나님의 백성'이라는 공동체 의식이 생겼기 때문이다. 그래서 아무도 시키지 않았는데도 함께 승리의 잔치를 벌이며 자연스럽게 서로에게 필요한 것들을 나누기 시작한 것이다.

"여, 김 씨. 그동안 내가 지켜봤는데, 집에 빨래통이 없어서 불편했겠어. 마침 우리 집에 하나 더 있는데 쓰시게."

"어이, 박 씨. 집에 아이들이 많은데, 양식이 모자라겠어. 마침 우리 애들은 이제 다 커서 나가서 살고 있으니 쌀이 좀 남네. 나눠 먹음세."

이런 식으로 모두가 힘든 형편임에도 서로의 필요를 채워주기 시작한 것이다. 주는 쪽도 받는 쪽도, 서로의 사랑을 느끼며 눈에 눈물이 글썽했을 것이다. 이것은 사도행전의 예루살렘 초대교회에서도 똑같이 일어난 현상이다. 영적 전쟁을 함께 치르는 우리는 그리스도의 군대인데, 예수 그리스도는 사랑이시다. 그래서 우리는 사랑의 군대다!

부림절 절기의 제정

어떤 전쟁이든 승리한 쪽은 축제를 벌인다. 유다인들도 마찬가지였고, 우리는 이미 유다인들이 승리를 축하하는 잔치를 베푼 것을 보았다. 그리고 총리대신인 모르드개가 이 잔치를 아예 공식적인 절기로 제정하게 된다.

> 모르드개가 이 일을 기록하고 아하수에로 왕의 각 지방에 있는 모든 유다인에게 원근을 막론하고 글을 보내어 이르기를 한 규례를 세워 해마다 아달월 십사일과 십오일을 지키라 이달 이날에 유다인들이 대적에게서 벗어나서 평안함을 얻어 슬픔이 변하여 기쁨이 되고 애통이 변하여 길한 날이 되었으니 이 두 날을 지켜 잔치를 베풀고 즐기며 서로 예물을 주며 가난한 자를 구제하라 하매 유다인이 자기들이 이미 시작한 대로 또한 모르드개가 보낸 글대로 계속하여 행하였으니 에 9:20-23

여기에 부림절의 중요한 의미가 나와 있다. 그것은 '반전의 은혜'다. 말 그대로 부림절은 그들의 "슬픔이 변하여 기쁨이 되고 애통이 변하여 길한 날이" 되었음을 기념하는 날이다.

부림절의 '부르'(pur)라는 단어는 제비뽑기에 쓰는 '제비'(lot)를 뜻한다. 전에 하만이 유다인들을 학살할 기일을 술사들과 함께 제비뽑을 때 썼던 말이다. 그들이 '부르' 즉 제비뽑기로 뽑은 날이 12월 13일이었는데, 사악한 계획의 주모자 하만이 처형되고 나서 그날은 거꾸로 유다인들을 죽이려던 자들의 멸망의 날이 되었다.

지금 우리 인생에도 이런 부르의 반전이 필요하지 않은가. 하나님
께서 우리의 절망이 변하여 기쁨이 되게 하시는 반전을 주시기를 원
하는가? 하나님께 기도하라. 부림절의 은혜를 감사하며 선포하라.

유다인들은 부림절의 이 놀라운 반전의 은혜를 후손들도 길이길이
기억하게 해주고 싶었다.

> 뜻을 정하고 자기들과 자손과 자기들과 화합한 자들이 해마다 그
> 기록하고 정해 놓은 때 이 두 날을 이어서 지켜 폐하지 아니하기로
> 작정하고 각 지방, 각 읍, 각 집에서 대대로 이 두 날을 기념하여 지
> 키되 이 부림일을 유다인 중에서 폐하지 않게 하고 그들의 후손들이
> 계속해서 기념하게 하였더라 에 9:27,28

유다인들은 이 기적 같은 구원의 날인 부림절을 앞으로 모든 이스
라엘 백성이 자손 대대로 매년 기념하며 지키기를 바랐다. 그래서 '작
정하고' 부림절을 지켜 기념하게 했다. 인간은 간사한 존재라서 아무
리 큰 은혜도 시간이 지나면 잊어버리게 마련이다. 그래서 절기를 만
들어 이 기적을 체험하지 못한 자손들에게도 대대로 '부림절'의 영적
의미를 가르쳐 전수하기를 원했다. 마치 유월절을 지키는 것처럼 말
이다.

부림절은 페르시아의 절기가 아니라 유다인들의 절기다. 사실, 부
림절은 모르드개와 에스더가 아니라 모든 유다인들에 의해 시작된

절기다. 처음부터 모든 유다인들이 왕후 에스더와 함께 금식하고 부르짖으며 이 일에 동참했고, 대적들을 제거한 다음 날 함께 모여 잔치를 벌이고 선물을 주고받은 것 역시 누군가 그렇게 하라고 해서 한 게 아니라, 그들이 자발적으로 행한 일이기 때문이다.

즉, 이 절기는 하나님의 섭리에 의해 유다인들이 함께 만든 것이다. 다시 말해 성령의 감동으로 된 일이다. 그리고 이를 후손들에게도 계속 기억하게 하고자 하는 염원을 안 모르드개가 나라의 권위로 견고케 한 것이다.

금식과 부르짖음을 기억하라

모르드개가 부림절을 공식적으로 제정한 데 이어 왕후 에스더가 부림에 대한 둘째 편지를 제국 전체에 사는 유다인에게 보내는데, 이 둘째 편지를 보낸 이유가 31절에 언급되고 있다.

정한 기간에 이 부림일을 지키게 하였으니 이는 유다인 모르드개와 왕후 에스더가 명령한 바와 유다인이 금식하며 부르짖은 것으로 말미암아 자기와 자기 자손을 위하여 정한 바가 있음이더라 에 9:31

이는 처음 글에 '금식과 부르짖음'을 추가하기 위함이다. 둘째 편지는 부림절 행사에 금식 시간을 별도로 마련하라는 지시다. 시간이 흐르면서 부림절의 출발이 되었던 금식과 부르짖음이 사라지고, 승리의 기쁨만 나누며 방종하는 반쪽짜리 축제가 될 가능성을 차단한 것이다.

이렇게 해서 제정된 부림절은 그 후 유월절과 함께 이스라엘 백성들이 어디에 있든지 반드시 지키는 중요한 명절이 된다.

부림절은 히브리력으로 마지막 달인 아달월 14,15일에 지켜졌으며, 그 하루 전인 13일은 에스더가 왕 앞에 나아가기 전에 행한 기도와 금식을 기념하여 '금식의 날'로 널리 행해졌다. 이날은 종일 금식하고 하나님께 간절히 기도하는 것이다.

14일 새벽이 되면 회당에 모여 에스더서를 읽는다. 책을 낭독하며 낭독자가 해석을 하는데, 이때 하만과 다른 박해자들의 이름이 나올 때면 저주의 외침과 동시에 발을 구르고 온갖 비탄의 소리를 지른다. 특히 하만의 이름이 낭독되면 모두가 "그의 이름은 저주를 받을지어다! 그의 이름은 영원히 사라질지어다!"를 외친다. 특히 하만의 열 아들의 이름을 일일이 다 읽는데, 한숨에 단번에 읽어버리는 까닭은 그들이 다 한꺼번에 죽임을 당했기 때문이다. 반면에 모르드개와 에스더의 이름이 나올 때는 축복의 말을 한다.

그리고 14일 아침이 되면 회당에서 다시 예배를 드린다. 이때 에스더의 이야기가 다시 한번 낭독된다. 그러면 회중이 함께 뜨겁게 기도를 한다. 그 옛날 광야에서 모세가 하만의 선조인 아말렉 자손들을 저주하던 이야기도 낭독된다. 그런 다음 집으로 돌아가 풍성한 잔치

음식을 먹으며, 그 이후의 시간에 사람들은 가난한 사람들과 친구들에게 선물을 나눠준다.

그리고 14일 나머지 시간과 그다음 날 15일에는 금식과 함께 축제로 시간을 보내게 된다. 그리고 이때 아이들은 가장무도회를 비롯한 각종 놀이를 즐기기도 한다.

이렇게 에스더 이야기를 낭독하고, 함께 열렬히 반응하며, 그때처럼 함께 금식도 하고 잔치도 벌이는 것은 다음 세대를 위한 시청각 교육이다. 절기로 지키는 것은 하나님의 기적 같은 은혜의 역사를 자신도 기억해야 하지만, 경험하지 못한 미래의 후손들도 기억할 수 있도록 하기 위함이다. 그래야 후손들도 그들의 시대에 닥쳐올 위기로부터 같은 방법으로 구원받는 은혜를 누릴 수 있기 때문이었다. 우리가 후손들에게 물려줘야 할 가장 중요한 유산은 돈이 아니라 은혜의 기억이다.

은혜의 순간을 기억하고 또 기억하라

성경에 보면, 하나님의 사람들이 현실이 너무 막막해서 부르짖을 때, 하나님께서 그들에게 꼭 해주시는 말씀이 있다. 그것은 "기억하라"(Remember)라는 말씀이다. 바벨론 땅에서 포로 생활하는 이스라엘 백성들에게는 예루살렘 성전에서 마음껏 예배하던 때를 기억하라고 했다. 에베소교회에게는 주님과의 첫사랑을 기억하라고 했다.

회개도, 회복도 결국은 주님과의 첫사랑으로 돌아가는 것이다.

오래전 서울역 앞에서 옛날 한국이 가난했던 시절의 음식들을 먹어보는 시식회가 있었다고 한다. 개떡, 꿀꿀이죽, 꽁보리밥을 먹어보며 한국 전쟁 이후 정말 가난했던 시절에 우리가 어떻게 살았는가를 조금이나마 기억해보자는 취지였다. 이스라엘 백성들 역시 부림절이 오면 이방 땅에서 한날한시에 죽을 뻔했던 옛 시절을 생각하며 하나님께 감사드렸다.

우리의 인생을 돌아보면 하나님께서 우리 인생의 중요한 순간마다 은혜를 베푸셨음을 알 수 있다. 우리는 그것을 한순간의 일로 생각하고 잊어버리는 것이 아니라 받은 은혜를 계속 기억하고 감사하며 살아가야 한다. 그래야 매 순간 하나님의 은혜가 필요함을 잊지 않고 은혜를 구하게 될 것이고, 그때 부림절과 같은 기적이 우리의 삶에서 끊임없이 재현될 것이며, 감사가 끊이지 않는 인생을 살아갈 수 있을 것이다. 특히, 그 축복이 우리의 자녀들에게도 경험되기를 원한다면 자녀들과 함께 부림절을 지켜야 한다.

지금 잠시 멈추고 묵상해보라. 하루하루 살아가느라 바빠서 하나님이 구해주셨던 은혜의 순간들을 까마득하게 잊고 있지는 않은가? "이것도 주시고 저것도 주시옵소서!"만 반복하고 있지, 이미 주신 수많은 은혜를 되새겨보며 감사의 제사를 드린 적은 얼마나 되는가?

우리도 누군가에게 큰 도움을 주었는데, 그 사람이 도움을 받고 나서 별 고맙다는 말 한마디 없다가 시간이 지나서 또 어려운 일이 생겼다고 도와달라고 하면 서운하고 화가 나지 않겠는가? 은혜를 기억하지 않고 감사하지 못하는 사람들에게 하나님도 그런 마음이 실 것이다.

오늘날 한국의 크리스천들은 부림절을 지키진 않는다. 그러나 죽음에서 우리를 구원하신 하나님의 은혜를 기억하고 감사하는 부림절의 정신은 남아 있어야 한다. 기억하기를 멈추면 감사가 멈출 것이고, 그렇게 되면 은혜와 기적도 멈출 것이다. 무기력한 신앙생활을 하게 되는 것이다.

유다인들이 부림절에 기억하는 것은 에스더와 모르드개의 영웅담이 아니다. 그것은 그들을 통해서 역사하신 하나님의 은혜다. 백여 년 전, 예루살렘이 무너지고 나라가 망하여 그들은 포로로 끌려와 온갖 고난을 다 견디며 살아남았다. 하지만 이제 부림절이 페르시아 제국 전체에 선포됨으로써 하나님은 여전히 그들과 함께 계시며 그들을 지키신다는 사실이 확증되었다.

우리도 험한 세상 한가운데서 살아가지만, 하나님께서 변하지 않는 은혜로 우리를 지키고 계심을 의심치 말아야 한다. 우리 자녀들에게도 그 하나님을 잊지 말고 살아가야 한다고 가르쳐야 한다. 그러면 우리는 어떤 어려움 속에서도 무너지지 않고 빛을 발하게 될 것이다.

에스더 10:1-3

1 아하수에로 왕이 그의 본토와 바다 섬들로 하여금 조공을 바치게 하였더라 2 왕
의 능력 있는 모든 행적과 모르드개를 높여 존귀하게 한 사적이 메대와 바사 왕들
의 일기에 기록되지 아니하였느냐 3 유다인 모르드개가 아하수에로 왕의 다음이
되고 유다인 중에 크게 존경받고 그의 허다한 형제에게 사랑을 받고 그의 백성의
이익을 도모하며 그의 모든 종족을 안위하였더라

chapter **10**

존경과 사랑을 받는
모르드개

앞에서도 누차 강조했듯이, 에스더서는 하나님의 이름이 한 번도 나오지 않지만, 성경의 그 어떤 책보다 역사의 주관자이신 하나님의 손길이 곳곳에 나타난다. 에스더서에 나타나는 하나님의 섭리는 반전의 은혜다.

악한 하만으로 인해 유다인들은 한순간에 모두 멸망 당할 뻔한 위기를 겪었다. 하지만 그로 인해 오히려 그들의 잠재적 대적들을 뿌리 뽑고 페르시아 내에서 위상이 높아졌다. 이렇듯, 우리 인생에 갑자기 밀어닥치는 어려움을 통해서 하나님은 뜻밖의 은혜를 주시기도 하신다.

반전의 은혜

오래전, 대만에서 목회하던 주연화 목사님과 관련한 간증을 들은 적이 있다. 1940년대 후반, 중국 본토가 공산화되기 전에 그는 상해에서 신학교에 다니고 있었다고 한다. 교수와 신학생들은 여러 신학교리들을 배우고 가르치고 있었다. 그들은 논리적이고 학술적인 공부를 했고, 지적인 토의를 많이 했다고 한다.

하지만 중국 본토가 공산군에 점령될 위험에 처하자 모두 학업을 전폐하고 강의실에 모여 종일토록 "하나님, 우리가 살아 계신 하나님을 만날 수 있도록 도와주소서"라고 간절히 기도했다고 한다. 위기가 다가오자 교리적인 배움이 아닌 살아 계신 하나님을 직접 만나야겠다는 절박감이 생겼기 때문이다.

이렇게 교수와 신학생들이 한자리에 모여 일심으로 부르짖어 기도하자, 그곳에 성령의 불이 임했다. 모인 대부분의 사람들이 성령 충만을 받고 방언을 말하며 하나님의 영광과 능력으로 충만하게 되었다. 결국, 공산당이 본토를 점령하고 모든 서양 선교사들을 추방했다. 그리고 중국 성도들은 말할 수 없는 박해를 받았다. 하지만 그들은 지하교회의 구역 예배를 통해 복음의 불길을 꺼뜨리지 않았다.

만약 그들이 학문적인 예수, 철학적인 예수만 알았다면 공산당에 점령당한 중국 대륙에서 기독교는 사라졌을 것이다. 그러나 그들이 절박하게 기도하여 성령 충만을 받고 살아 역사하시는 하나님을 체험하고 나니까, 영적 생명수가 그들로부터 솟아난 것이다.

이방 땅에 포로로 끌려온 지 벌써 150년. 이제 고향 예루살렘에 대한 기억도 사라지고, 자기들이 하나님의 백성이라는 정체성도 잊어버린 채 페르시아에 동화되어 살아가던 그들에게 부림절 사건은 충격이었다. 페르시아에 대한 환상은 깨지고, 자신들의 영원한 집이 이곳이 아님을 알려주었다.

이에, 그들은 함께 금식하고 기도하며 자신들의 대적과 싸우면서 거룩한 용사들로 거듭났다. 이것은 15년 뒤, 에스라를 따라 예루살렘으로 돌아가게 되는 2차 포로귀환 운동의 발단이 되었다.

이렇듯, 에스더서는 인간의 눈으로 보기에는 재앙과 같은 어려운 상황을 하나님께서 놀라운 축복의 기회로 바꿔주시는 반전 드라마다. 인생이 해석되지 않을 정도로 힘들 때, 우리는 하나님을 원망하기 쉽다. 그러나 이때야말로 우리의 그동안 다져 두었던 믿음을 꺼내들 때다. 금식하고 기도하며 성령의 인도하심을 분별할 때다. 그리고 순종의 발걸음을 내디뎌야 한다. 그때 우리는 우리를 위해서 완벽한 타이밍에 개입하시는 하나님의 섭리의 손길을 느낄 것이다.

모르드개의 리더십 - 에스더서 대미를 장식하다

사실 정상적인 이야기 흐름으로 볼 때 에스더서는 9장으로 끝내는 것이 옳다. '악한 하만과 그의 추종자들이 에스더와 모르드개로 인해 극적으로 전멸당한다. 그리고 이를 기뻐하며 전국의 유다인들이 축제를 벌인 것이 부림절이라는 명절로 제정된다'. 이 정도면 이 위대한 드라마의 스펙터클한 엔딩으로 손색이 없다. 그런데 굳이 10장이 더 추가되었다. 마치 드라마가 다 끝난 뒤에 붙는 쿠키 영상처럼 말이다. 왜 하나님은 성경에 에스더서 10장을 덧붙이셨을까?

재미있는 것은 에스더서 10장에 정작 주인공인 에스더에 대한 언급은 전혀 없다는 것이다. 오히려 지금까지 조연이던 모르드개가 그 후 페르시아에서 얼마나 존귀한 존재가 되었는지를 중점적으로 다루고 있다. 그리고 그로 인해 타국 땅에서 힘든 포로 생활을 하던 유다인들이 어떻게 보호받고 존귀하게 되었는지를 다룬다.

지금부터 우리는 왜 이 짧은 본문이 에스더서의 엔딩이 되었는지 그 비밀을 파헤쳐 보려고 한다.

페르시아를 위대한 나라로 만들다

아하수에로 왕이 그의 본토와 바다 섬들로 하여금 조공을 바치게 하였더라 에 10:1

여기서 '조공'(tribute)은 화폐가 통용되지 않던 시절에는 물건이나 육체적 부역을 의미했지만, 화폐가 통용되던 아하수에로 왕 시대에는 화폐로 바치는 세금을 의미했다. 즉, 속국들로부터 거둬들인 세금으로 인해 페르시아의 재정이 견고해졌음을 말한다.

에스더서 마지막에 왜 뜬금없이 왕이 세금 받는 이야기가 나올까? 많은 성경학자들은 이는 총리대신 모르드개가 새로 입안한 정책이었을 것이라고 본다. 무자비한 정복 전쟁으로 쌓아 올리는 부가 아닌, 평화로운 국가 체제에서 국가가 경제 운영을 잘하고, 사람들이 성실하게 일하여 벌어들인 돈에서 국가에 세금을 내게끔 한 것이다.

이는 그 옛날 총리대신 요셉의 정책으로 인해 백성들의 살림이 풍성해졌고, 그래서 국가에 대한 보답으로 세금을 내게 한 것과 같다. 백성들은 전반적으로 잘살게 되었기 때문에 국가에 세금 내는 것을 아무도 불평하지 않았다. 그 당시는 절대 왕정 체제였기 때문에 국가에 내는 세금은 곧 왕에게 가는 것이었고, 모르드개는 이로 인해 왕의 자존심을 한껏 세워주었다.

> 왕의 능력 있는 모든 행적과 모르드개를 높여 존귀하게 한 사적이 메대와 바사 왕들의 일기에 기록되지 아니하였느냐 에 10:2

여기서 "왕의 능력 있는 모든 행적"은 사실 왕이 한 것이라기보다 총리대신 모르드개의 지혜로운 국가 경영 정책을 말하는 것이다. 겉으로 보면 모르드개가 문지기에서 총리대신으로 벼락출세하여 수지맞은 것처럼 보이지만, 실은 모르드개처럼 뛰어난 인물을 총리대신으로 맞이한 페르시아가 수지맞은 것이다.

당시 페르시아는 겉보기에는 거대한 영토를 가진 세계적 강대국이었지만, 무리한 그리스 침략전쟁 패배의 여파로 국고는 바닥이 났고 외교적으로도 위상이 추락해 있었다. 이런 상황을 초래한 아하수에로 왕에 대한 백성의 원망도 컸다. 게다가 왕은 성정이 괴팍하고 귀도 얇아서 악한 하만에게 속아 한 민족 전체를 학살하라는 명령도 쉽게 사인해줄 정도였다.

이 모든 위기 상황에서 모르드개가 총리대신이 되었다. 남들은 고위직에 올라서 좋겠다고 하겠지만, 정작 당사자는 그야말로 살얼음판을 걷는 것처럼 처신이 쉽지 않은 자리였다. 그러나 하나님이 함께하시는 모르드개가 총리대신이 되어 나라 살림을 잘 경영해준 덕분에 페르시아는 이전의 영광을 회복했다.

'인사가 만사'라고 했는데, 모르드개를 총리대신으로 임명한 것이 왕의 가장 큰 치적이었다. 마치 그 옛날 애굽의 바로가 요셉을 알아보고 총리대신에 임명한 일이 가장 큰 치적이 된 것처럼, 당시 페르시아 국민 중에 모르드개의 공로를 모르는 사람은 아무도 없었다. 그래서 페르시아가 다시 부강해지자, 사람들은 겉으로는 왕에게 환호하면서도 실은 실무 책임자인 모르드개를 존경하게 된 것이다.

왕은 '모르드개를 높여 존귀하게 했다'라고 했다. 이 일은 일반 역사인 '메데와 바사', 즉 페르시아 제국의 역사에도 정확하게 기록되어 있다고 했다. 성경은 추상적인 논리나 전설의 책이 아니라, 정확한 역사 기록이다. 실제로 페르시아 지역에서 발굴된 상형문자의 토판에

의하면 아하수에로 왕의 통치 시기에 마르두카(Marduka)라는 위대한 인물이 수산 성의 총리대신으로 재직했다는 기록이 있다. 많은 학자들은 그가 바로 에스더서의 모르드개일 것이라고 추측한다.

모르드개의 위대함은 당시 하나님을 모르는 모든 이방인 가운데서도 빛났다. 하나님의 사람이 하나님 말씀대로 살면 하나님께서 세상 사람들 가운데서도 존귀하고 빛나게 하실 것이다.

1,2절 말씀은 얼핏 보면 페르시아 제국의 영광처럼 보이지만, 실상은 하나님께서 페르시아 제국을 사용하셔서 하나님의 백성을 보호하시며 영광스럽게 하신 것이다. 아하수에로 왕을 영광스럽게 하시기보다 실제로 왕의 이름으로 나라를 운영한 모르드개를 영광스럽게 세우신 것이다. 하나님은 세상의 나라들을 통해서도 하나님의 백성을 지키신다.

우리는 한국 국민이기 이전에 하나님나라의 시민이다. 그러나 하나님께서 우리를 한국 사람으로 태어나게 하신 분명한 목적이 있으시다. 한국을 통해서 하나님이 우리를 보호하시고 축복하신다는 사실을 깨닫고, 나라와 민족을 위해 기도해야 한다. 나라를 사랑하고 나라를 위해 봉사해야 한다. 예수 믿는 사람들로 인해서 한국이 든든하고 복 받는 나라가 된다면 하나님께서 영광 받으실 것이다.

위대한 2인자 모르드개

유다인 모르드개가 아하수에로 왕의 다음이 되고 유다인 중에 크게 존경받고 그의 허다한 형제에게 사랑을 받고 그의 백성의 이익을 도모하며 그의 모든 종족을 안위하였더라 에 10:3

여기 보면 모르드개가 '아하수에로 왕의 다음이 되었다'라고 나온다. 모르드개가 왕 다음가는 권력자인 총리대신이 된 것은 이미 지난 본문에서도 몇 번씩 언급되었다. 그런데도 다시 언급하는 것은 왜일까? 이는 그가 유다인뿐만 아니라 페르시아 국민 전체의 존경을 받는, 페르시아 왕국에 큰 영향을 미치는 인물이었음을 강조하기 위함이다. 직위는 왕 다음이었지만, 실제로 나라를 다스리는 지혜는 모르드개에게서 나왔다.

성경에 보면 위대한 2인자들의 이야기가 자주 나온다. 요셉이나 다니엘, 그리고 본문의 모르드개가 바로 그들이다. 그들은 1인자인 왕은 아니었지만, 실제적 영향력은 왕보다 더 컸다. 왕이 그들에게 전권을 주었기에 실제로 국가를 잘 경영하여 반석 위에 세운 것은 그들이었다. 그리고 세 사람 모두 이스라엘이 아닌 이방 나라에 포로로 끌려가 인생 밑바닥에서부터 시작하여 존귀한 재상의 위치까지 하나님께서 올리신 입지전적인 인물들이다.

이들의 인생은 우리에게 무엇을 가르쳐주는가? 하나님은 하나님을 믿지 않는 살벌한 세상 한복판에서도 전략적인 요충지마다 하나님의 사람들을 숨겨 두신다는 사실이다. 그리고 그 하나님의 사람이 주눅 들지 않게 하신다. 어떤 난관 속에서도 하나님의 사람을 지키고 인도하신다. 그들을 통해 교회뿐 아니라 일반 세상 역사를 바꾸는 축복의 통로가 되게 하실 것이다.

유다인으로서의 자긍심

성경은 계속해서 유다인 모르드개를 강조한다. 이는 모르드개가 자신이 유다인임을 자랑스럽게 생각했고 그것을 긍지로 여겼음을 보여준다.

3절에서 "유다인 모르드개가 아하수에로 왕의 다음이 되고"라고 하면서 '유다인'이란 말이 가장 먼저 나오는 것은, 모르드개가 왕 다음간다는 것보다 유다인이란 사실로 먼저 소개되기 원했음을 말해준다. 우리도 세상에서 아무리 높아지고 성공해도 하나님의 자녀 됨을 더 자랑스럽게 여겨야 한다. 우리가 회장, 사장, 박사, 본부장, 협회장 같은 것들로 소개되는 것보다 하나님의 자녀로 천국에 기록되었음을 더 자랑스럽게 생각해야 한다.

'유다'는 '하나님을 찬양하는 사람들'이란 뜻을 가진, 이스라엘 백성 전체를 대표하는 왕의 지파 이름이다. 우리가 세상 속에서 아무리 실패하거나 성공해도 하나님의 사람으로서의 정체성은 변하지 않는

다. 우리는 어떤 상황 속에서도 우리가 하나님의 백성임을 잊어선 안된다. 항상 그리스도를 자랑해야 하고, 우리가 주님의 백성임을 자랑스러워해야 한다.

모르드개는 스스로 유다인임을 내세웠기 때문에 하만의 미움을 받고 죽을 위기에도 처했었다. 그러나 유다인임을 끝까지 굽히지 않았기 때문에 마침내 악한 하만을 꺾고 존귀하게 된 것이다. 오늘날 자신이 크리스천임을 밝히는 일이 쉬운 일은 아니다. 때로는 비웃음과 불이익을 당할 수도 있을 것이다. 그러나 그럼에도 불구하고 우리는 주님을 부끄러워하지 말아야 한다. 그때 하나님의 영광이 우리를 지킬 것이다.

누구든지 사람 앞에서 나를 시인하면 나도 하늘에 계신 내 아버지 앞에서 그를 시인할 것이요 마 10:32

유다인 형제들의 존경과 사랑을 받다

모르드개는 유다인들로부터 존경받고 허다한 형제에게서 사랑을 받았다. 여기서 '형제'는 넓게는 유다 민족을 말하지만, 좁게는 모르드개의 가까운 일가친척을 말한다. 가까운 사람들로부터 사랑받는 건 생각보다 쉽지 않다. 특히 모르드개처럼 높은 자리에 올랐을 때, 혼자 출세해서 호의호식한다며 질시의 대상이 될 수도 있다. 그런데 모르드개는 사랑과 존경을 받았다고 했다.

이는 그가 높은 지위에 있음에도 불구하고 교만해지지 않고 자기 백성을 특별한 사랑으로 계속 보살펴주었기 때문이다. 어려운 시절에는 겸손하고 따뜻하던 사람도 막상 출세하고 나면 변하기 쉬운데, 모르드개는 그렇지 않았다. 본문 말씀을 계속해서 보면 모르드개가 어떻게 유다인 형제들의 전폭적인 사랑과 존경을 받을 수 있었는지 알 수 있다.

첫째, 그는 '그의 백성의 이익을 도모했다'고 했다. 이익을 도모했다는 것은 좋은 것을 해주기 위해 열심히 무언가를 찾았다는 말이다. 개인이나 가족뿐 아니라 유다인 전체의 유익을 추구하는 삶을 살았다는 말인데, 오늘날로 치면 하나님의 백성과 교회 공동체를 돕기 위해 항상 헌신했다는 말이다.

19세기 미국의 유명한 백화점 왕이라고 일컬어지는 존 워너메이커 (John Wanamaker)가 그랬다. 너무나 가난한 어린 시절을 보낸 그는, 미국 최고의 부자 중 하나가 되고 체신부 장관까지 된 뒤에도 변함없이 주일이면 주일학교 교사로 신실하게 섬겼다. 그러기를 무려 67년이나 했다. 그뿐인가. 미국뿐 아니라 전세계 곳곳에 YMCA 기독교 회관을 지어주었다(서울 종로에 있는 초기 한국의 YMCA 건물도 그가 헌물한 것이다). 우리 성도들도, 특히 우리 자녀들도 장차 모르드개나 워너메이커처럼 쓰임 받을 수 있기를 바란다.

둘째, 모르드개는 '그의 모든 종족을 안위하였다'라고 했다. 여기서 '모든 종족'은 페르시아 제국의 모든 백성을 가리키는 말이 아니라, 특별히 유다 민족을 일컫는 말이다. 그리고 '안위하였다'라는 말의 히브리어 원어는 '샬롬'이다. '샬롬'은 하나님의 평안이다. 하나님과 사람 사이의 평안이요, 사람과 사람 사이의 평안이며, 모든 삶에서 하나님의 은혜로 풍성함을 누리는 것이다. 따라서 모르드개는 유다인들이 이 '샬롬'을 누릴 수 있도록 항상 그들을 변호하고 도왔다는 뜻이다.

부림절 사건으로 큰 위기는 넘겼으나, 아직도 페르시아 제국 내에는 유다인을 견제하고 핍박하려는 세력들이 많았다. 모르드개는 최대한 그들로부터 유다인들을 보호하고 사회에서 공정하게 대우받게 하기 위해 노력했다. 그들의 대변인이요 보호자인 모르드개로 인해 유다인들은 험한 타향살이 가운데서도 하나님의 샬롬을 누릴 수 있었다.

또한, '안위하였다'라는 말은 모르드개가 자기 백성 가운데 어떤 무리의 편을 들거나 편애하지 않고, 모두를 화합시키는 역할을 했다는 의미다. 모르드개는 화평케 하는 자였다. 화평케 하는 자가 되기 위해서는 양쪽으로부터 욕을 먹고 오해받을 각오를 해야 했다. 자기 희생을 하지 않으면 안 된다. 그러나 화평케 하는 자는 하나님의 아들 예수님과 같은 사람이다.

파괴적 능력 vs. 선한 능력

힘은 어떻게 쓰느냐에 따라서 사람을 죽이는 파괴적인 능력이 될 수도 있고, 사람을 살리는 선한 능력이 될 수도 있다. 에스더서에는 이 두 능력의 극명한 대조를 볼 수 있다. 에스더서 전반부에는 악한 하만을 통해 파괴적 능력의 폐해를 보여준다. 그는 주어진 권력으로 죄 없는 유다 민족 전체를 죽이려고 했고, 그로 인해 온 나라가 공황 상태로 빠져들었다. 실제 그 일이 시행되었더라면 큰 국가적 재앙이 되었을 것이다. 그래서 악한 하만은 파괴적인 능력자, 마귀적 존재다.

반면에 에스더 왕후와 모르드개는 선한 능력자의 표본이다. 그들의 기도와 결단은 한 민족 전체를 모함하고 죽이려는 악한 자의 음모를 무산시켰다. 그들의 왕은 충동적이고 의심 많은 권력자였다. 그러나 에스더와 모르드개는 그런 왕에게 선한 영향력을 미쳐서, 자칫 큰 혼란에 빠질 뻔했던 나라를 바로 잡았다. 혼돈의 시대에 악한 자들을 벌하고, 하나님의 백성을 살려내었다. 그러니 시대 탓, 사람 탓하지 말고 기도하며 하나님의 빛을 발하라. 하나님이 우릴 쓰실 것이다.

에스더와 모르드개는 힘을 가지게 되었을 때에도 오만하거나 타락하지 않았다. 겸손하고 성실하게 일해서 위로는 왕을, 아래로는 백성을 섬겼다. 그래서 나라를 든든하게 세웠다. 또, 하나님의 백성들과 교회 공동체를 끝까지 섬겼다. 이것은 창조적인 능력이요, 사람을 살리는 치유의 능력이요, 바로 예수님의 리더십을 닮았다. 우리도 그런 선한 능력의 사람이 되기를 바란다.

모르드개에게서 발견하는 예수님

에스더서에서 모르드개는 예수님을 예표하는 인물이다. 그는 어려운 살림에도 천애 고아가 된 에스더를 입양하여 자식처럼 키웠다. 열매를 보아 그 뿌리를 안다고 했다. 에스더의 지혜와 신앙으로 미루어 보아 모르드개가 그녀를 정말 기도와 말씀으로 잘 키웠음을 알 수 있다.

그리고 모르드개는 항상 에스더 뒤에서 지혜로운 조언을 했다. 왕후 후보로 간택되었을 때, 처음에는 유다인 신분을 드러내지 말고 경연에 임하도록 했고, 경연이 진행될 동안 끊임없이 에스더의 안위를 챙기며 중보했다. 보이지 않는 곳에서 전해진 모르드개의 끊임없는 중보기도와 조언과 사랑이 없었다면 왕후 에스더는 결코 탄생할 수 없었을 것이다.

바로 주님이 모르드개와 같이 우리 삶의 보이지 않는 곳에서 우리를 도우시는 분이시다. 태어날 때부터 지금까지 우리가 잘나서 그 많은 고비를 넘기며 여기까지 왔겠는가. 다 주님이 적재적소에 좋은 사람을 만나게 하시고, 좋은 기회를 주셔서 이끌어주신 것이다. 주님이 천사들을 보내셔서 항상 우리를 지키셨고 인도하셨기에 우리의 오늘이 있는 줄 믿는다.

에스더가 왕후가 된 뒤에도, 즉 성공한 뒤에도 보이지 않는 멘토 모르드개의 영향력은 계속되었다. 유다 민족에게 큰 위기가 왔을 때 에스더는 나서기를 잠시 망설였다. 이때 모르드개는 "네가 왕후의 자리를 얻은 것이 이때를 위함이 아닌지 누가 알겠느냐"라고 하면서 망설이는 그녀를 질책하며 민족을 위한 중재자가 되도록 도전했다. 모르드개가 아니었다면 "죽으면 죽으리이다"라는 심정으로 3일 금식 후에 왕 앞으로 나아가겠다는 결단을 할 수 없었을 것이다.

그리고 그 결단으로 인하여 그녀는 민족을 멸망에서 구해냈고, 오히려 왕으로부터 칭찬과 존경을 받게 되었다. 그녀로 인하여 모르드개까지 왕에게 높임을 받았다.

예수님이 바로 우리에게 모르드개 같은 분이셨다. 그분은 하루하루 우리 자신만을 위해 살아가는 중에도, 우리가 교만해지지 않게 하시고, 분명한 비전을 향해 나가게 하신다. 우리가 하나님을 위해 헌신하고 나서야 할 결정적인 순간에는 담대히 나설 수 있도록 도전하신다. 우리가 항상 예수님의 인도하심에 순종한다면 우리는 하나님나라 역사에 귀하게 쓰임 받게 될 것이다.

하나님의 섭리가
내 삶의 돌파구를 열어줍니다

♛

에스더서에서 우리는 하나님의 주권(Sovereignty)과 하나님의 섭리(Providence)에 대해 배웠습니다. 하나님의 주권이란 천지를 창조하신 하나님께서 지금도 세상을 다스리고 주관하는 분이시라는 뜻입니다. 그리고 하나님의 섭리란 하나님의 주권이 이뤄지는 과정입니다. 인간의 생각과 행동, 지형과 날씨, 시대 상황들이 절묘하게 조화를 이루며 하나님의 섭리를 이루어갑니다. 인간의 생각으로는 상상할 수도 없는 수많은 변수들이 작용해서 하나님의 뜻을 이루어가지요.

인생을 살아갈수록 인생이 자기 뜻대로 되는 것이 아님을 인정하고 겸손해질 수밖에 없습니다. 하지만 모든 것이 하나님의 뜻대로 이뤄진다고 해서 인간이 아무것도 하지 않아도 된다는 것은 아닙니다. 하나님의 섭리는 하나님의 자녀인 우리를 통해서 이뤄집니다. 우리 성도들의 매일의 결단은 하나님의 섭리가 이뤄지게 하는 중요한 도구입니다.

출애굽한 이스라엘 백성이 1년이면 횡단할 수 있었던 광야를 38년 이상 방황하게 된 것은 하나님의 본뜻이 아니었습니다. 불순종과 원망으로 일관했던 이스라엘 백성의 죄 때문이었습니다. 하나님께서는 이스라엘 백성이 그들의 죄로 인한 책임을 지게 하신 것입니다.

하지만 그렇다고 해서 그들을 약속의 땅으로 들이겠다는 하나님의 뜻이 무산된 것은 아니었습니다. 오랜 광야 생활로 인해 늦어지긴 했지만, 하나님은 그들을 더욱 성숙하고 단단한 믿음의 사람들로 만드셔서 마침내 약속의 땅으로 들이셨습니다. 하나님의 뜻과 인간의 자유의지가 절묘하게 엮여서 역사가 만들어지는 것, 이것이 성경이 말하는 섭리의 신비입니다.

30년 전, 미국 LA에 살던 교포 전도사였던 저는 어느 날 식사를 하다가 교포신문 한구석에 실린 작은 광고를 보게 되었습니다. "미주지역 1.5세 및 2세 교역자 모국교회 방문 프로그램"이라고 쓰인 광고였습니다. 저녁상 테이블에 깔린 신문 위에 먹던 찌개 국물이 잔뜩 떨어져 있긴 했지만, 그 내용은 제 가슴에 불을 댕겼습니다.

그것은 한국 두란노서원에서 주관하는 행사로, 30세 이상 40세 미만의 교포교회 젊은 목사들을 한국으로 초대하여 약 열흘 동안 온누리교회, 사랑의교회, 명성교회, 순복음교회 등 한국의 대형 교회들을 탐방하고 담임목사님들과 면담을 하는 프로그램이었습니다(본인이 비행기표만 내면 숙식과 다른 프로그램 비용 일체는 두란노서원에서 부담한다고 했습니다).

사실 그때 한국에 갈 형편은 아니었습니다. 결혼한 지 1년 무렵이었는데, 아내가 첫 아이를 임신하여 출산을 한 달 정도 앞두고 있던 터라 자칫 잘못하다간 제가 한국에 방문하는 사이에 아이가 나올 수도 있었습니다.

당시는 제가 신학교를 졸업하고 교회사로 박사학위를 시작한 지 얼마 안 되던 때였는데, 신학교 교수의 길을 갈 것인지 아니면 교포목회의 길을 갈 것인지 아직 판단이 안 서던 혼란의 시기라 하나님의 어떤 응답을 찾고 있었습니다. 저는 이 한국교회 방문 프로그램이 하나님이 주시는 기도 응답의 돌파구가 될 것 같았습니다. 그래서 어떻게든 가야겠다고 결심했습니다.

프로그램은 30세 이상의 목사들만 지원할 수 있었는데, 그때 저는 아직 목사 고시를 앞둔 전도사였고, 서른이 안 된 스물아홉이었습니다. 하지만 담당자를 간곡히 설득해서 기어코 방문 명단에 제 이름을 올릴 수 있었습니다. 그리고 제 인생을 바꾼 한국 방문이 시작되었습니다.

그때, 한국에서 사랑의교회, 온누리교회, 순복음교회 등 당시 영향력 있는 한국의 교회들을 방문했고, 옥한흠 목사님, 이동원 목사님, 하용조 목사님과의 만남을 통해 새로운 목회의 지평을 넓힐 수 있었습니다. 저는 항상 모임 때마다 앞자리에 앉아서 열심히 대선배님들의 강의를 들었고, 질문도 했습니다.

저는 미국에 살면서도 교포교회밖에 몰랐는데, 한국의 앞서나가는 교회들이 당시 미국의 윌로크릭교회나 새들백교회를 배우는 것을 보고 놀랐습니다. 그 모습은 제가 미국에 돌아가서 미국 교회의 부흥을 선도해가는 교회들을 방문하고 배우는 계기가 되었습니다. 무엇보다도 제 목회 인생의 잊을 수 없는 멘토 하용조 목사님을 만나게 되었습니다.

그때의 인연으로 몇 년이 지난 1999년 1월, 서울 온누리교회 부교역자로 사역할 수 있는 기회도 열렸습니다. 그때는 온누리교회와 두란노서원, 한동대학교가 아주 긴밀하게 협력하는 관계였기 때문에 저는 세 기관에서 다 사역해 볼 수 있었습니다.

그래서 30대 목회자 시절, 저는 《거인들의 발자국》, 《칼과 칼집》 같은 기독교계를 넘어 일반 사회에까지 알려진 리더십 책들을 저술할 수 있었습니다. 또한, 한동대 겸임교수도 하고, '열린예배'라는 구도자/전도자 예배와 문화 사역에도 참여할 수 있었습니다. 그 후로 숙명여대와 트리니티 신학교에서도 겸임교수를 할 수 있게 되었고, 사회 각계 분야의 지도자들에게 리더십 강의를 할 수 있는 기회도 열렸습니다. 그 모든 콘텐츠가 쌓여서 지금 개척하여 목회하고 있는 새로운교회 목회의 기반이 되어주었습니다.

돌이켜 생각해보면 30년 전 그때 저녁을 먹다가, 그 교포신문 한 구석 광고를 보고 설레는 마음으로 모국교회 탐방을 결정하게 된 그 순간, 그때가 제 운명의 터닝포인트가 된 것 같습니다.

만약 그때 교포교회 차세대 목회자 한국 초청 프로그램을 두란노서원이 열어주지 않았더라면, 그리고 그때 제가 우연히 교포신문의 그 광고를 보지 못했더라면, 그리고 보았더라도 여러 가지 현실적인 문제 때문에 그 프로그램에 참여하지 않았더라면, 그랬다면 오늘날의 한홍 목사도, 새로운교회도 없었을지 모릅니다. 바로 이런 것이 하나님의 섭리의 신비 아니겠습니까.

섭리의 축복을 누리려면 항상 하나님과 동행하며 자기에게 일어나는 모든 상황 속에서 성령님의 인도하심을 발견해야 합니다. 그리고 거룩한 기회가 왔을 때 결단하고 붙잡아야 합니다. 물론 그 선택은 희생과 모험을 요구할 것입니다. 그러나 하나님을 믿고 담대히 나가면, 생각지도 못한 새로운 축복의 세계가 열릴 것입니다.

모르드개와 에스더가 그랬습니다. 페르시아 왕후 후보로 간택되었을 때 당사자 에스더도, 그리고 그녀의 영적 멘토 모르드개도 이 돌발적인 상황에 놀랐을 것입니다. 하지만 하나님의 섭리를 발견하며 순종했을 때, 왕후가 되었습니다.

그리고 악한 하만의 무서운 유다인 학살 음모가 시작되었을 때, 바로 이때를 위함이 아니냐는 확신이 왔고, 두 사람은 "죽으면 죽으리이다"라는 각오로 합심하여 금식하고 기도했습니다. 함께 위기에 담대히 맞서 기도로 싸웠고, 승리를 거두었습니다.

미국 북동부의 로드아일랜드 주에는 '프로비던스'(Providence)라는 이름의 해안도시가 있습니다. 이 도시의 이름 '프로비던스'는 하나님의 섭리라는 뜻입니다. 청교도들이 처음 유럽을 떠나서 대서양을 건너와 이곳에 상륙하여 새로운 인생을 시작했습니다. 앞으로 어떤 일들이 기다리고 있을지 몰라 두렵고 떨리는 마음이었을 것입니다. 하지만 그들은 지금은 고달파도 하나님께서 훗날 자신과 자신의 후손들은 유럽보다 훨씬 축복된 삶을 살게 하실 것을 믿었습니다. 지금까지도 그들을 인도해 오신 하나님께서 앞으로도 모든 일을 주관하심을 믿는다는 신앙고백으로 그들이 처음 내린 항구 마을의 이름을 프로비던스(섭리)라고 지은 것입니다.

이 책을 마무리하면서 저는 문득 우리 성도들의 삶 또한 하나님의 프로비던스(섭리)를 믿고 사는 삶이 아닌가 하는 생각이 들었습니다. 미지의 미래로 가면서도 섭리의 은혜를 믿고 담대히 나갔던 청교도들의 신앙을 우리도 본받아야 하지 않겠습니까. 에스더서 전체 주제성구라고 할 수 있는 로마서 8장 28절을 함께 묵상해 보겠습니다.

우리가 알거니와 하나님을 사랑하는 자 곧 그의 뜻대로 부르심을 입은 자들에게는 모든 것이 합력하여 선을 이루느니라 롬 8:28

우리 모두에게는 이렇게 어쩔 수 없이 반드시 돌파해야 하는 장벽이 있습니다. 남은 인생을 위해서, 나와 함께하는 사람들을 위해서라도 그래야 합니다. 그러나 그 장벽은 강하고 견고합니다. 할 수만 있다면 피하고 싶지만, 결코 피할 수 없습니다. 선택의 여지가 없기 때문에 반드시 돌파해야만 합니다. 에스더는 자신과 민족의 목숨이 달린 엄청난 위기를 믿음으로 정면 돌파했습니다. 그녀의 승리는 민족의 승리가 되었고, 하나님의 영광이 되었습니다.

우리는 연약한 존재이지만, 우리 하나님은 강하십니다. 우리는 미래를 모르지만 하나님은 아십니다. 어떤 상황이 와도 우리는 하나님의 섭리의 파도에 담대히 올라탈 각오를 해야 합니다. 그렇게 될 때 우리 자신뿐 아니라 우리를 따르는 사람들을 위한 거룩한 돌파구를 열어주게 될 것입니다.

◆ 에스더서 사건의 연대기

B.C. 537	1차 포로귀환
B.C. 483	와스디 왕후 폐위
B.C. 479	에스더 왕후 즉위
B.C. 473	하만의 멸망/부림절 제정
B.C. 465 (부림절 사건 8년 뒤)	페르시아 아하수에로 왕(에스더 남편)의 죽음 아닥사스다 왕의 즉위
B.C. 458 (부림절 사건 15년 뒤)	에스라 2차 포로귀환
B.C. 445 (부림절 사건 28년 뒤)	느헤미야 3차 포로귀환 (성벽재건)

HOLY BREAKTHROUGH

거룩한 돌파구

초판 1쇄 발행   2024년 6월 26일

지은이   한 홍

펴낸이   여진구
책임편집   이영주 박소영
편집   최현수 안수경 김도연 김아진 정아혜
책임디자인   이하은 노지현 | 마영애 조은혜
홍보 · 외서   진효지
마케팅   김상순 강성민   마케팅지원   최영배 정나영
제작   조석현 허병용   경영지원   김혜경 김경희

303비전성경암송학교 유니게 과정
이슬비전도학교 / 303비전성경암송학교 / 303비전꿈나무장학회

펴낸곳 규장

주소 06770 서울시 서초구 매헌로 16길 20(양재2동) 규장선교센터
전화 02)578-0003   팩스 02)578-7332
이메일 kyujang0691@gmail.com   홈페이지 www.kyujang.com
페이스북 facebook.com/kyujangbook   인스타그램 instagram.com/kyujang_com
카카오스토리 story.kakao.com/kyujangbook
등록일 1978.8.14. 제1-22

책값   뒤표지에 있습니다.
ISBN 979-11-6504-538-8 03230

규 | 장 | 수 | 칙

1. 기도로 기획하고 기도로 제작한다.
2. 오직 그리스도의 성품을 사모하는 독자가 원하고 필요로 하는 책만을 출판한다.
3. 한 활자 한 문장에 온 정성을 쏟는다.
4. 성실과 정확을 생명으로 삼고 일한다.
5. 긍정적이며 적극적인 신앙과 신행일치에의 안내자의 사명을 다한다.
6. 충고와 조언을 항상 감사로 경청한다.
7. 지상목표는 문서선교에 있다.